I0386252

www.ingramcontent.com/pod-product-compliance
Lightning Source LLC
Chambersburg PA
CBHW062151100526
44589CB00014B/1788
* 9 7 8 1 7 7 4 1 9 0 2 8 9 *

هدية الرصانة

التحول الروحي

بقلم روز ب.

Maple Leaf Publishing Inc.
Alberta Canada

The Gift of Sobriety
Copyright © 2020 by **Rose B.**

All rights reserved. No part of this book may be reproduce or transmitted in any form or by any means, electronic or mechanical, including photocopying, recording, or by any information storage and retrieval system, without written permission of the publisher.

ISBN Paperback: 978-1-77419-028-9
Rev. Date: June 23, 2020

Cover design by **Frédéric Bar**

MAPLE LEAF PUBLISHING INC.
3rd Floor 4915 54 St Red Deer,
Alberta T4N 2G7 Canada

General Inquiries & Customer Service
Phone: 1-(403)-356-0255
Toll Free: 1-(888)-498-9380
Email: info@mapleleafpublishinginc.com

اهداء

اهدي هذا الكتاب لرعايتي ولجميع الذين بذلوا جهودهم بدون أنانية من وقتهم ومعرفتهم وحبهم لمساعدتي في رحلة الشفاء من إدمان الكحول. كما اني اهديه ايضا لجميع أولئك الذين ما زالوا يعانون

يا أنت ، الذي يمنح القوت للكون ،
الذي تسير فيه كل الأشياء ،
إليه تعود كل الأشياء ،
اكشف لنا وجه الابن الروحي الحقيقي / الشمس ،
مختبئًا بقرص من الضوء الذهبي ،
لكي ربما نعرف الحقيقة ،
ونقوم بواجبنا بالكامل ،
بينما نسافر إلى قدميك القدوس .

مقدمة لأغنية لبرنس
Circle of Fire (دائرة النار)

متابعة

إنه لمن دواعي سروري أن أكتب هذا المتابعة الي روز. لقد كنت شاهدًا على تغييراتها في العام الماضي. إلخ

سيتم إضافة هذا قريباً. تعمل فرانسيس على ذلك

بقلم فرانسيس فوكس، 2018

جدول المحتويات

اهداء
متابعة
البداية ....6 - 7
تطور غير متوقع آخر...8- 10
المرحلة التالية من حياتي...11- 13
التعلم عن إدمان الكحول...14
صلاة الخطوة الثالث...15
الأحلام والإرشاد 16
غاري...17- 20
ليزلي 21- 22
اريك 23- 24
سيارة جديدة 25
كتاب جديد لقراءة 26
إرادة الله 27
القلب المقدس 28- 29
الاكتئاب 30- 31
السلطة العليا 32
مدرسة الروحية 33
في مراجعة 34- 35
الأحلام ، ان تكون منكسر ، والتعتيم 36- 37
رسالة من ليزلي 38
استسلام 39
الموت 40- 41
مرض تقدمي 42
الخوف 43
إيقاع أسبوعي 44

4

انعمها الرب وغيرها...............................	45-46
الأمل والفرح	47
ان تخ	48
الأفكار الانتحارية	49-50
أنت لا تفعل ذلك وحدك	51
ان تكون أمين	52
H & I	53-54
إنه مرضي الذي يتحدث	55-56
أوجه التشابه وليس الاختلافات	57-58
الراعي	59
الأصدقاء	60
مرض الزهايمر	61-62
عدم اليقين	63-65
مكاني الآمن الخاص	66
قلبي	67
امتنان	68
النهاية	69
الملحق أ	70
الخطوات الاثني عشر لـ Alcoholics Anonymous	71

البداية

أنا أكتب هذا دفتر لأني أشعر أنني اتغير وأريد أن أروي ما أشعر به وأفكر فيه حتى أستطيع أن أفهم ، وفي
وقت لاحق ، كيف حدثت هذه التغييرات.

اسمي روز ، وأنا مدمنة كحول. أنا أفهم ذلك الآن ، لكنني لم أعرف ذلك لفترة طويلة جدًا. لقد نشأت في عائلة سويدية لوثرية من كانساس. كل ما أعرفه عن الكحول هو أننا كنا نشربه على العشاء في عيد الفصح وعيد الميلاد (عندما بلغت). يمكنني تناول كأس واحد من النبيذ أو ربما اثنين.

لقد تربيت لأكون زوجة وأم. تزوجت في التاسعة عشر من عمري كما فعلت أمي وشقيقتي قبلي. لكن بالنسبة لي ، انتهى الأمر عندما خرج زوجي من الزواج فجأة الذي دام أربع سنوات. عدت إلى المنزل من العمل في أحد أيام الصيف ولم يكن هناك. لم تكن هناك ملاحظة ولم أفهم اين هو. نظرت إلى الخزانة ورأيت أن ملابسه قد اختفت. اتصلت بالبنك وقيل له إنه سحب نصف حساب التوفير والادخار الخاص بنا. لقد دمرت وشعرت بالمرض. كنت متخدرة لعدة أشهر وحاولت يائسة اكتشاف ما يجب القيام به. أخبرني والداي أنه كان خطأي. و لم اشعر ان هذا صحيح. أخذني والدي إلى التحدث إلى كاهنهم وشعرت بأنني أسيء فهمي وحكم علي تمامًا. أدركت أنني كنت وحدي في معرفة من كنت. لذلك قررت القيام برحلة مع صديق ذكر جديد ، كان يعيش في إسبانيا لمدة عامين وكان يتحدث الإسبانية بطلاقة ، عن طريق المكسيك وأمريكا الوسطى والجنوبية. كنت دائماً أرغب في رؤية العالم ، وقد قمت برحلة إلى أوروبا مع زوجي. كان هذا قبل سبعة أشهر من عودته إلى المنزل من كاليفورنيا. خلال ذلك الوقت كان لدي وقت للتفكير ، وأقرأ وأبدأ القيام بهاثا يوغا ، وأدرك أن كل ما تعلمته كان مرتبطًا بالثقافة التي نشأت فيها. لقد تعلمت بعض الإسبانية وتحدثت مع النساء أثناء سفرنا من بلدة الى مدينة. كنت أسألهم عن حياتهم وآمالهم وأحلامهم. عادةً لم يكن لديهم أي مشاعر وشعروا باليقين من أنهم سيقضون بقية .

حياتهم في البلدة الحارة المتربة التي ولدوا فيها. ربما كانوا على حق. أدركت أن لدي العديد من الخيارات لأنني ولدت بيضاء ، امرأة ، وفي أمريكا. شعرت بمسؤولية كبيرة عن القيام بشيء ما في حياتي وقررت العودة إلى الكلية.

لقد قمت بالتسوق في الكليات في شمال كاليفورنيا. كنت اهتم ببطاقات التاروت في ذلك الوقت ، وعندما كنت اسأل عن كلية واحدة على وجه الخصوص ، كانت بطاقة الشمس تظهر وهي بطاقة غامضة رئيسية تمثل بلوغ أعلى مستوى روحي. لم أكن أعرف ما الذي يعنيه ذلك بالضبط ، لكنني شعرت أنه يعني ضمناً أن الأمور ستصبح جيدة فى المستقبل. انتقلت إلى بلدة صغيرة في وادي كاليفورنيا لحضور جامعة بالولاية. حصلت على درجتي البكالوريوس والماجستير (في علم النفس والإرشاد على التوالي). كما حصلت على الحزام الأسود في جي جيتسو. كنت أعيش وحدي في منزل صغير كان قد اشتراه لي اهلي لأبقى فيه وأحببته. يمكنني أن أفعل أي شيء أريده ليلا أو نهارا وشعرت أنني أخيراً قد بدأت اتعرف على من أكون .

تطور غير متوقع آخر

بعد التخرج والعمل لمدة سنة ونصف تقريبًا في الكلية التي التحقت بها ، قررت أن الوقت قد حان للحصول على مزيد من التعليم لترقية حياتي المهنية. في ذلك الوقت كنت مهتمة بأن أصبح مستشارة ، لذا قررت التسجيل في برنامج الدكتوراه الخاص في علم النفس العيادي في بيركلي ، كاليفورنيا ، حيث كنت أتنقل ما بين المدينة التي كنت اعيش فيها وما بين هناك. كنت أؤيد نفسي بالقيام برسالة عن طريق التعيين في دوجو التي ساعدت في ادارتها. كانت هذه رسالة من نوع الرسالة الكاملة المصممة لتعزيز الصحة العامة التي تعلمتها عندما كنت أدرس جو جيتسو. كان اجني القليل من المال لكنني شعرت أنني كنت على الطريق الصحيح.

ثم فجأة تدهورت حياتي مرة أخرى. حلمت بسلسلة مكونة من ثلاثة أحلام في الأسبوع على التوالي في الليالي قبل أن أعود إلى المنزل من بيركلي. أول حلم لم يكن ضارًا , مجرد صديق حاصل على الحزام الأسود يتحدث معي. ولكن حدث ما حدث حرفيا كما حلمت. لم أكن أعرف ما الذي يعنيه ذلك ، لكنني كنت على يقين ان الاثنين التاليين سيتم حدوثهما. وكان آخر حلم عن زوجي الحالي الذي دام زواجنا لمدة سنة ونصف ، مدرب جو جيتسو ، مع امرأة أخرى. في نهاية هذا الأسبوع ، وجدته مع تلك المرأة وأدركت أن هذا الزواج قد انتهى. لقد صدمت مرة أخرى ودمرت ولم أعرف ماذا أفعل .

بعد بضعة أشهر كنت أتجول في المطر في تلك المدينة الجامعية الصغيرة أتساءل ماذا أفعل في حياتي. لم تعمل مساحاتي الروحانية الداخلية في ذلك الوقت وشعرت بالوحدة والشعور بعدم اليقين بشأن ما يجب فعله. قررت أن أقود السيارة لرؤية رجل عرفته عندما كنت أعمل في شركة «تاور ريكوردز» عندما كنت اقدم لدخول الكلية. فتح لي الباب وجرفني بين ذراعيه. بدأنا هذه علاقة أخرى كنت اثق فيها. لقد تواعدنا لفترة وقررت الزواج منه. شعرت بدعم كامل في أهدافي. ومع ذلك ، بعد أن كنا متزوجين وكان الوقت قد حان للعودة للسنة الثانية من برنامج الدكتوراه، اصابته نوبة غضب كبيرة عندما قلت إنني سأعود للتعلم. في ذهنه ، كنت معه الآن .

وهذا يعني البقاء معه دائما. لقد خرجت عن المسار لكنني شعرت أنني بحاجة إلى إنهاء البرنامج. بدأت أشرب الخمر طوال اليوم عندما كنت وحدي وكان هو يذهب الي العمل. أدركت أن هذا غير صحي وقررت حضور اجتماع في المدينة. حضرته لمدة ستة أشهر. لقد استمعت بعناية وقرأت كتاب Anonymous Alcoholics. قرأت التأملات اليومية وقمت بالخطوات الإثني عشر (انظر الملحق "أ") بنفسي. كنت صادقة للغاية ومع ذلك ، لم أفهم لماذا يجب ان يكون هناك راعي واحتياجي إليه حاولت أن أفعل البرنامج بمفردي وبعد بضعة أشهر اهملت AA.

انتقلنا إلى مقاطعة في شمال كاليفورنيا وحصلت على وظيفة في مداخل جدولة مآخذ مكافحة المخدرات. في أحد الأيام قال لي مستشار في البرنامج كان يبحث عن عمل في الجامعة في تلك البلدة إن هناك وظيفة شاغرة لطبيب نفسي (شخص يفهم نظرية القياس النفسي وأساليبه) ولم أفعل ذلك من قبل؟ نعم ، كان عليّ تقديم طلب العمل في اليوم التالي. تقدمت بطلب وحصلت على الوظيفة. أرى الآن أن قوتي العليا كانت تتدخل في حياتي لوضعي على طريق جديد. بدأت العمل هناك وبقيت هناك لمدة ٢٨ عامًا. أصبحت تدريجيا أقوى في نفسي جزئيا لأن ذلك كان مطلوبا مني في منصبي المهني .

قيل لي أنني بحاجة للحصول على درجة الدكتوراه للتقدم في مهنتي. لذلك قمت بالتجول ووجدت البرنامج الأمثل لي في جامعة كاليفورنيا في بيركلي. سيكون من الممكن بالنسبة لي أن أتنقل إلى هناك والعودة إلى العمل. تم إعطائي يومًا واحدًا في الأسبوع لحضور الفصول الدراسية وقررت انني ارغب في الحضور. لم يغير زوجي رأيه بشأن حصولي على شهادة عليا ولم يدعم هذه الخطة. أخذته للتحدث مع المشرف في ذلك الوقت الذي أوضح سبب احتياجي إلى الشهادة. هذا لا يزال لم يقنعه. ومع ذلك ، كنت قد أصبحت أقوى في نفسي وكنت مصممة على أن أذهب. ذات يوم علي الغداء أخبرته أنني ذاهبة للتسجيل في برنامج الدكتوراه. قال «إذا كنتي ستذهبين إلى المدرسة فأريد منك أن تشتري لي سيارة رياضية». قلت حسنًا. وذهبنا واشترينا فيرو حمراء. كان حرا في التجول في المكان وكنت أحر في العودة إلى المدرسة. بعد ست سنوات حصلت على شهادة الدكتوراه من جامعة كاليفورنيا في بيركلي مع التركيز على القياس والأساليب الكمية في علم النفس التربوي. عندما أنهيت دراسات الدكتوراه الخاصة بي ، تمت ترقيتي إلى مدير مكتب الاختبارات بالجامعة التي عملت فيها. واصلت العمل هناك حتى تقاعدي بعد ٢٨ عامًا من تولي العديد من المناصب ذات المسؤولية المتز ايدة على طول الطريق. عندما تقاعدت كنت نائب الرئيس المشارك للبحوث المؤسسية.

بعد حوالي أربع سنوات من دراسات الدكتوراه ، تم تشخيص زوجي بالإيدز. كانت هذه صدمة كبيرة لي ومرة أخرى شعرت بالدمار. شعرت بالتصميم على مواصلة دراستي ولكني أدركت أنه يتوجب علي تعلم كيفية الاعتناء به. لذلك قرأت كل ما يمكنني فعله حول المرض وما يجب فهمه حوله (كان هذا في الثمانينات). أدركت أن أمامي خياران: الرد بحب أو الرد بخوف. اخترت الحب. لقد اختبرت بحثًا عن الفيروس واكتشفت أنه لم ينتقل إلي. أعتقد أن قوتي العليا كانت محمية لأننا لم نمارس الجنس الآمن لعدة سنوات. مكثت معه ، اعتني به ، حتى توفي بعد ثلاث سنوات وثلاثة أشهر مرة أخرى ، انهارت حياتي .

المرحلة التالية من حياتي

بينما كنت أعمل في جامعة الولاية ، قمت بالتدريس من حين لآخر في قسم علم النفس حول الإحصائيات وأساليب البحث. أثناء إلقائي محاضرة تمهيدية حول تحليل راش ، كان موضوع رسالتي ، خلال الفصل الأول من الفصل الدراسي ، رفعت امرأة جالسة في الخلف يدها متحمسة لطرح الأسئلة. كانت الشخص الوحيد في الغرفة الذي فهم ما كنت أتحدث عنه. كان اسمها ليزلي. هكذا بدأت صداقة رائعة استمرت ثلاثين عامًا. كنا نلتقي لتناول الغداء أو أنها تأتي ساعات الي مكتبي ونناقش جميع أنواع المواضيع من الرياضيات إلى علم النفس إلى الروحانية والموت. كنا نتحدث لساعات ثم نخطو خارج باب مكتبي ونتصافح. كنت على دراية بموضع كل منا وأنه ليس من المناسب المشار كة مع طالبة. عندما كان زوجي في عداد الموت ، أعطتني الكثير من الراحة والعزلة.

بعد وفاة زوجي ، حزنت على وفاته. واصلت مقابلة ليزلي لتناول طعام الغداء. كنت أدرك جيدًا أنني كنت أحبها ، لكنني لم أكن أعرف كيف أتعامل مع حقيقة أنها كانت امرأة. أتذكر ذات يوم علي الغداء عندما انتابها الغضب ، وتحدثت عن وفاة والدتها ، وأردت التواصل ولمس يدها في كدعم. كنت أدرك أن الناس من حولنا ينظرون إلينا وترددت في لمس يدها. ثم أدركت أن شعوري بالحب كان أكبر من خوفي مما قد يفكرون. لمست يدها. بدأ هذا قبولي التدريجي لحبي لليزلي. لقد كانت شراكة رائعة وحياة رائعة استمرت عشرين عامًا .

تقاعدت من الجامعة وخططت لقضاء العديد من السنوات السعيدة مع ليزلي. ولكن بعد عامين تم تشخيص ليزلي بالسرطان. لقد اعتنت بها بأفضل ما يمكنني ، وحاربت من اجلها بأقصى قدر ممكن من أجل البقاء على قيد الحياة. ولكن في 27 ديسمبر 2014 ، توفيت. كنت حزينة. لم أكن أعرف كيف ساكمل حياتي هذه المرة. لم يكن لدي أي عمل أذهب إليه ، لقد كنت اتألم باستمرار.

عندها عاد إدمان الكحول وتولى حياتي ببطء. كنت وحيدة وحزينة واحاول يائسة لإيجاد طريقي. اعتقدت بطريقة ما أني سارتاح من الخمر الذي سأستهلكه. لكن هذا لم يحدث وبدلاً من ذلك ، زاد من حدة اكتئابي ، ثم عانيت من الجنون لمدة عامين ونصف .

كنت أشرب الخمر ومنزعجة, ثم فى احدي أيام الصيف اتصل بي صديق ليأتي ليساعدني. أتى وكان يريحني. اتصلت زوجته وسألته عما كان يفعله. لقد جاءت ، ولأنه كانت ممرضة في مستشفى محلي ، قررت أن تأخذني إلى غرفة الطوارئ. لقد شعرت بالضيق الشديد لأنه بدلاً من مساعدتي في التعامل مع مشاعري ، تم تسليمي فجأة إلى غرباء. كنت غاضبة من خيانة الثقة هذه. ثم واجهت أول 5150 أو 72 ساعة من الانتظار. مكثت في المستشفى تحت الملاحظة المستمرة ، أي أن أحدهم كان جالسًا في غرفتي بالمستشفى في جميع الأوقات يقرأ كتابًا وفقط يبقي جالسا. بعد 24 ساعة تم نقلي إلى غرفة تضم حوالي ثمانية مرضى وقضيت الوقت في العمل على الكمبيوتر الخاص بي واتصل بالأصدقاء. جاء مستشار الاستجواب لمقابلتي بعد ثلاثة أيام ولم أعد انتحارية بعد الان. لقد تحدثت أيضًا مع مستشاري ، فرانسيس ، الذي فهم ما كنت امر به وبدأت أرى المكاسب. تم اخلاء سبيلي وعدت إلى منزلي وحياتي .

باختصار ، كانت هناك سلسلة من محاولات الانتحار ، ورحلات في سيارة الإسعاف ، وإقامة قصيرة في مستشفيات الطب النفسي خلال العامين ونصف هذا. لم أفهم ما كان يحدث لي. كنت امرأة مهنية متعلمة بارزة. لم أتمكن من الوصول إلى حقيقة أنه تم إرسالي الآن من الطوارئ إلى مستشفيات الطب النفسي في أجنحة مغلقة. لم يكن أحد يتحدث معي حول ما كنت أعاني منه من الخوف والفزع. تم إعطائي مضادات الاكتئاب واتعالج مرة كل ثلاثة أيام ، وهو الوقت الذي يتطلبه القانون لمنعي من إيذاء نفسي .

لم يكن لدي أي فكرة عن تعاطي الكحول الفاسد في ذهني وجسدي. تلقيت أدوية للاكتئاب والقلق وأخذت غسيل معدة لإزالة سموم الكحول من جسدي ، ومع ذلك لم يتحدث لي أحد على الإطلاق عن إدمان الكحول أو الجزء الذي كان يلعبه في حياتي. واصلت الشرب محاولة العثور على الإغاثة. لكن الاكتئاب تفاقم بسبب الكحول. حضرت برنامج العيادات الخارجية التي ساعدتني. ومع ذلك ، كنت أعرف أن الأمر كان مجرد مسألة وقت قبل أن اقوم بمحاولة انتحار أخرى .

أخيرًا ، في 7 يوليو 2017 ، وجدت نفسي في غرفة المعيشة مع زوجي المستقبلي وجارًا طبيًا يقول لي بشدة إنني بحاجة إلى مساعدة. لم اعترف بذلك مطلقًا طوال حياتي ، لكنني كنت أعرف أنني كنت في ورطة. أعلم الآن أنه هم والناس الآخرون الذين صرخت اليهم لم يسمعوا نداءي حتى ذلك اليوم بل وكذلك قوتي العليا. انتهى بي المطاف في وحدة الأزمات النفسية. في حوالي الساعة الثانية صباحًا ، جاء مستشار ذكر إلى غرفتي في المرفق المغلق لإجراء تقييم تناولي. سألني إذا كنت أعتقد أنني مدمنة على الكحول. أجبته أنني لم أفكر في ذلك لأنني دائمًا ما توقفت عن الشرب كلما أصبح مشكلة في حياتي. قال ، في الحقيقة ، أنت مدمنة كحول. على الرغم من أن أشخاصًا آخرين قد اقترحوا في بعض الأحيان أن أتوقف عن الشرب أو أعربوا عن قلقهم ، فقد قال دائمًا انني اشعر بالإدانة واقترح بأنني ذات طابع ضعيف. لقد قال ذلك بطريقة حقيقة ، دون أي إدانة ، وجعلني أشعر بالفضول. سألته كيف تمكن من أن يعرف أنني مدمنة على الكحول بعد أن قابلني للتو. لقد علق على وجهي الأحمر وبطني الدهنية وحقيقة أن مستوى الكحول لدي 0.29 وهو ما يزيد عن الحد القانوني. كان يعرف أيضًا تاريخي في المستشفيات. في ذلك الوقت ، لم أشعر بالإدمان على الإطلاق ، وفوجئت عندما سمعت أن مستوى الكحول في دمي كان مرتفعًا للغاية. شعرت بالحرج واليأس وسألته عما يجب أن أفعله. اقترح أن أبقى في المرفق المغلق على أساس تطوعي لمدة ليلتين ثم أعود إلى برنامج العيادات الخارجية الذي أكملته قبل بضعة أشهر. فعلت ذلك وحددت كهدف لحضور

Alcoholics Anonymous

لفهم إدمان الكحول .

التعلم عن إدمان الكحول

ذهبت سيرا إلى اجتماع AA
بعد أسبوع في يوم الاثنين. عندما سأل بشكل روتيني في الاجتماع للأعضاء الجدد أو شخصًا آخر خارج مرفق العلاج ، أي في الأيام الثلاثين الأولى من رصانة الزملاء اذا كان هناك شخص جديد ، رفعت يدي وقلت إن اسمي روز. لقد استقبلوني بطريقة رائعة شعرت وكأنني في المنزل. بعد الاجتماع صعدت وسألت المرأة التي تقود الاجتماع عما إذا كان يمكنها ان تصبح الراعية الخاصة بي. انها وافقت بلطف. بدأت بعد ذلك في الاتصال بها يوميًا والاجتماع بها أسبوعيًا لقراءة الكتاب الكبير معًا والقيام بالخطوات الاثني عشر .

عندما دخلت إلى تلك الغرفة ، كنت محطمة تمامًا ، لذا لم يكن من الصعب علي الاعتراف بأنني عاجزة عن تعاطي الكحول وأن حياتي أصبحت غير قابلة للإدارة (الخطوة الأولى). فعلت كل ما اقترح علي القيام به. قمت بالواجبات المنزلية التي اقترحتها الكفيلة وانتقلت بسرعة عبر الخطوات. تم إزالة الادمان على الشرب بالكامل من قوتي العليا. بدأت أعيش اليوم بيومه. لقد عشت السلام والصفاء الذي لم أعرفه من قبل. يبدأ كل يوم بمحاوطة حياتي والإرادة إلى سلطة أعلى وطلب إزالة جميع مصاعبي وازالة عيوب الشخصية حتى أشهد على قوة وحب الله. أهدي نفسي لإرادته دائمًا .

أنا أفهم الآن أنني ولدت باستعداد وراثي لإدمان الكحول. كان لدي جد قيل أنه مدمن على الكحول. ومع ذلك التقيت به مرة واحدة فقط لذلك لم أر أي مؤشر على ذلك. كان لي أيضًا عم كان يحب شرب البيرة واعرف أنه حصل على (وثيقة الهوية الوحيدة) ذات مرةً وتوقف عن الشرب بعد ذلك. لكنني نادرا ما رأيته ولم أره يتصرف بشكل غير لائق بسبب الكحول. لكنني ورثت جين إدمان الكحول هذا. لأن المرض مزمن ومتقدم ، حتى عندما شربت فقط القليل من أكواب النبيذ في اليوم ، كان المرض يزداد سوءًا. في الوقت الذي كنت أشرب فيه الكحول بشدة بعد وفاة ليزلي ، أصبح تعاطي الكحول حقًا في دمي. أنا أفهم الآن أن إدمان الكحول هو مرض العقل والجسم والعواطف والروح. التعافي منه يتطلب الشفاء في جميع هذه المجالات الأربعة. أنا بالتأكيد تعافيت الآن. أنا ممتنى جدًا لجميع الأشخاص الرائعين الذين قابلتهم في AA وكيف كانوا يدعمونني يوميًا.

الخطوة الثالثة الصلاة

لقد عدت لتوي من اجتماع. شاركتنا اليوم امرأة أنها مكتئبة ولا تعرف ماذا تفعل. كانت تحاول أن تقرر ما إذا كان ينبغي لها إنفاق آخر عشرة دولارات على مشروب كحول. شاركتهم عندما جئت للمرة الأولى ، عن تلك الليلة الأولى عندما وصلت إلى المنزل وكنت أحاول النوم ، شعرت بانني ساقع فى الاكتئاب الشديد الذي كنت أحاربه لمدة عامين مرة اخري. اتصلت بالكفيلة وسألتها ماذا افعل. أخبرتني أن اتلي صلاة الثلثين:

اللهم ، أود أن أحيي إرادتي وحياتي إليك ... للبناء معي والقيام بي كما تريد. اعفيني من عبودية النفس حتى أفعل مشيئتك. خذ مشاكلي حتى يكون النصر عليها شاهدا على أولئك الذين قد أساعدهم بقوتك وحبك
وطريقة حياتك. هل لي أن أفعل إرادتك دائما. (صفحة 63 من الكتاب الكبير لمدمني (الكحول المجهولين
.(انظر الملحق ب)
شعرت بان الاكتئاب قد ذهب ولم أشعر به منذ ذلك الوقت.

الأحلام والإرشاد

بعد وقت قصير من بدء حضور اجتماعات حصلت على سلسلة من ثلاث تجارب شعرت أن قوتها العليا كانت تتصل بي. الأول كان حلما قد حلمت به. فيه كنت محاطَة بحشد من الناس الذين كانوا غاضببين قليلاً وأتساءل لماذا تم منحي هذه الهدية (من الرصانة). كان الله ينقش في لوحين مطليين بالذهب ، الرسالة التي استحقها الآن للحصول على موهبة من الرصانة بسبب كل ما مررت به في هذه الحياة. كانت التجربة الثانية هي الاستيقاظ علي موسيقى أغنية جون لينون في رأسي والتي كانت تنقل إلي الحب العميق الذي كان لدى الخالق بالنسبة لي. كانت التجربة الثالثة هي الاستيقاظ على موسيقى بيلي جويل في رأسي قائلة «ستكون مباركًا ، وأعدك بذلك ، وأعدك بذلك ... سوف تكون مباركًا. أعرف أن خالقي كان ينقل هذه الأفكار والصور لي لطمأنة حبه لي والسلامة في عملية التغيير التي كنت أعاني منها .

غاري

لقد تحدثت بالفعل عن التقائي بغاري ، زوجي. ولكني أود أن أصفه بمزيد من التفصيل كيف كان شكله وكيف العيشة معه أثرت بي. قابلت غاري عندما كنت أعمل في شركة Tower Records أثناء ذهابي إلى المدرسة للحصول على درجة البكالوريوس والماجستير. عملت في الفترة من الثانية عشر حتى منتصف الليل بضعة أيام في الأسبوع في قسم الكتب والأدوات في المتجر. في إحدى الليالي جاء زميل موظف كان يعمل خلال النهار. كان طويل القامة ، ٨/٦ »،، وسيم بشعر أسود طويل. شعرت على الفور بانجذاب اتجاهه. لأننا عملنا بنوبات مختلفة ، نادراً ما كنت اراه. كنت أعرف أنه كان لديه صديقة حميمة وكان لدي صديق حميم ايضا في ذلك الوقت. في بعض الأحيان كان يأتي وحده ويسأل إذا كنت أرغب في أخذ قسط من الراحة معه. أود أن أقول نعم ، وسنتوجه عبر حديقة بدويل في سيارته الميكروباص. كان يدخن جوينت ونتحدث. لم أستمتع أبداً بتدخين الحشيش لذا رفضت عرضه. لقد كان طبعه هادئًا وأحببته كثيرًا .

في إحدى الليالي كانت صديقته خارج المدينة وسألني إذا كنت أرغب في الذهاب إلى منزل صديق للمساء الذي كان خارج المدينة. ذهبت. أخذنا حمامًا ساخنًا طويلًا معًا وصنعنا الحب بطريقة بطيئة حسيّة. كان هذا رائعا. كان علي أن أغادر في وقت مبكر من صباح ذلك اليوم ، ويبدو أن أغنية توم ويتس تصف التجربة بالضبط :

يا الليل انتهيت بسرعة , انتهي بسرعة فائقة
خارج ال65 القديم الخاص بي. كما انسحبت ببطء ، واشعر بالتقديس،
يعلم الله أنني كنت أشعر أنني على قيد الحياة. والآن ستأتي الشمس
أنا أركب مع سيدة الحظ وسيارات وشاحنات سريعة ونجوم
بدأت في التلاشي ، وأؤدي العرض ، أتمنى لو بقيت لفترة أطول قليلاً. الرب يعلم , الا تعلم أن الشعور يزداد قوة .

لقد كان رائعا للغاية وأنا أتوق لقضاء المزيد من الليالي مثل تلك الليلة.

مر بعض الوقت حتى حدث ذلك مرة أخرى وتحت ظروف مختلفة تمامًا. كنت قد قررت الالتحاق ببرنامج الدكتوراه السريرية في بيركلي وأعيش في مدينة جامعية صغيرة حيث حصلت على درجة البكالوريوس والماجستير. تركني صديقي الحميم في ذلك الوقت فجأة وأتذكر انها كانت أمسية شتوية ممطرة عندما لم تعمل مساحات الزجاج الأمامي لسيارتي ، وشعرت بالوحدة والخوف تمامًا. ذهبت إلى حيث ظننت أنه يعيش وطرقت الباب. فتح الباب ، نظر الي ، وشدني الي أحضانه الدافئة. شعرت بالأمان والحماية والسعادة. أردت أن أبقى هناك إلى الأبد. وهكذا تم إحياء رومانسيتنا وبدأنا نرى بعضنا البعض بشكل منتظم .

لاختصار القصة ، واصلنا المواعدة طوال الربيع. كنت أشاركه ما كنت أتعلمه في البرنامج الإكلينيكي ، وكان يستمع باهتمام بينما كنا نستمع إلى موسيقى رائعة مثل. Moody Blues و Grateful Dead اعتقدت أنه كان يدعم خطط حياتي المهنية وفهم المشاعر التي كنت أحاول شرحها خلال محادثاتنا الطويلة. طلب مني الزواج منه وقلت نعم. عندما حان الوقت للتسجيل للعام المقبل في البرنامج السريري ، اصبح غاضب مني وقال ، لن تستمري في البرنامج لأننا سنتزوج. شعرت بالارتباك ولكنني ضعفت وقلت أنني سأوقف البرنامج. تلك كانت أول مشكلة حقيقية في الشرب بالنسبة لي وانتهى بي الأمر في AA
لفترة قصيرة. لكن بعد بضعة أشهر ، شعرت بالإغراء لتناول كوب من النبيذ في العشاء مع والديه ، بعدت ببطء عن
AA و عدت إلى الشرب مرة أخرى بانتظام. ومع ذلك ، لم يكن الكحول مشكلة كبيرة بالنسبة لي.

مع مرور السنين بدأت ببطء اري جزء من شخصية غاري التي لم ا أعلم عنها شئ في البداية. أصبح تدريجيا يمتلكني ان ووقتي واهتمامتي. كان يصر على أن أعود إلى المنزل من العمل على الفور و إذا تأخرت حتى 15 دقيقة كان يصر على انني اخونه مع رجلا اخر. بالطبع ، كل شيء كان أبعد ما يكون عن الحقيقة. بدأت اظن الآن أنه بدأ يخونني ولهذا كان رد فعله بهذه الطريقة. أصبح أكثر وأكثر سيطرة على وكان يشعر بالتهديد إذا نظرت حتى إلى رجل آخر وابتسم الي بطريقة ودية. لم أفهم ما كان يحدث .

كما هو متوقع ، المعاملة السيئة في نهاية المطاف تحولت جسديًا و بدأ فى خنقي على أريكة غرفة المعيشة بعد أن قلت له أنني لن اعيش مع هذا السلوك بعد الآن. بعد كل حلقة ، كنت أشعر بالخجل والأذى والإرهاق والارتباك والرغبة الشديدة في أن تعود حياتنا إلى تفاعلاتنا الطبيعية. كان يقول دائماً إنني انا المسؤولة عن تصرفاته ومعاملته هذه. بدأت أرى مستشارًا لمحاولة فهم الخطأ ، وبدأت تدريجياً أن أفهم أن لديه مشكلة في السيطرة علي غضبه. علمت أن والده أساء معاملة والدته جسديًا ونفسيًا لسنوات وأن الأطفال شاهدوا ذلك. أنا الآن أفهم أن غاري استوعب هذا الدور المسيء داخله وهذا ما كان يخرجه في علاقتنا. أدركت أنه حتى عندما اصبحت افعل كل ما يقوله كان ايضا يسبب في غضبه وإساءة معاملته معي ، فإنه لا يزال يجد أسبابًا جديدة للانفجار في وجهي. كان شخصين: شخص يحب الاهتمام ، واللطف والآخر شخص غاضب وعصبي .

تغييرتفكير انني كنت مسؤولة عن غضبه وإدراكه أنه يعاني من مشكلة استغرق حوالي عشر سنوات. بدأت أقرأ عن العلاقات المسيئة على العبث في المكتبة ورؤية النمط بوضوح تام في تفاعلاتنا. لقد خبأت حقيبة من الملابس في
في المنزل حتى أتمكن من الفرار في أي وقت إذا كنت بحاجة إلى القيام بذلك من أجل سلامتي ، وهو ما فعلته في مناسبات قليلة .

أحببته بشدة ولكني لم أستطع العيش مع فكرة القيام بذلك لبقية حياتي. أذكر أنني كنت جالسة على الشرفة الأمامية بعد تمشية الكلب في أمسية صيفية دافئة وقلت لنفسي: "لا يمكنني فعل ذلك لبقية الحياة". سمعت صوتًا في رأسي يقول "سيموت". قلت ذلك مرة أخرى لنفسي وسمعت نفس الرسالة. حسست بالفزع وبدأت أتساءل ماذا يعني هذا. في أكتوبر من ذلك العام تم تشخيصه فجأة بالإيدز. أعتقد الآن أن هذا هو صوت الروح القدس الذي ارشدتني .

كنت على استعداد لتطليقه عندما تم تشخيص حالته بالإيدز. قررت البقاء والعناية به توفي بعد ثلاث سنوات وثلاثة أشهر .

أنا أشارك هذا لأنني آمل أنه إذا كان شخص ما في وضع مشابه ، فسوف يدرك أوجه التشابه ويطلب المساعدة من مستشار أو ملجأ للنساء اللائي يتعرضن للضرب أو من مورد مماثل. لم أتمكن من تغييره ولن يتمكنوا من تغييره إلا إذا أراد ذلك. أنا أفهم الخلط بين هذا الموقف وكيف يمكن للآخرين أن يحكموا علي بالسذاجة للبقاء معه. لكن ما لا يفهمه معظم الناس هو كيف استطاع تدريجياً وبشكل كامل التحكم في نفسي .

لم أكرر هذا النمط أبدًا مرة أخرى وأعتقد أن هذا يعود لأنني تمكنت أخيرًا من فهمه ورؤيته بوضوح عندما حدث مرة أخرى. أستطيع الآن أن أشعر إذا كان لدى الرجل هذا التركيب العاطفي في شخصيته واقوم بالابتعاد عنه علي الفور .

اود أن أذكر أنه قبل بضعة أيام من زواجنا ، حلمت بحلم مزعج للغاية أنني كنت على وشك الزواج من رجل لم أكن أعرفه. لقد شعرت بالضيق من هذا ولكن صديقتي أخبرتني أنه كان مجرد نرفزة وتخلصت منها. ندرك الآن أنه كان تحذيرا .

كانت إحدى الطرق الصحية للغاية التي تعلمتها التعامل مع قلقي عندما ينزعج هو التراجع إلى المرآب وممارسة التمارين الرياضية. هذا سمح لي بالتخلص من الأدرينالين (فرار أو استجابة فرار). أود أن أسأل نفسي "ما الذي أشعر به وما الذي أريد أن أفعله حيال ذلك". هذا أعطاني فرصة للتركيز في نفسي والتوصل إلى خطة عمل منطقية. أنا أوصى هذا لأي شخص في وضع مرهق. لقد استمرت في ممارسة التمارين الرياضية يوميًا (ممارسة التمارين الرياضية ، وتمارين المشي ، والآن أمشي خمسة أميال في اليوم) وقد أبقاني هذا بصحة جيدة للغاية .

في أحد الأيام ، سُئلت عما إذا كنت على استعداد لإجراء تقييم مجاني لبرنامج تحويل باترر الممول محليًا. كانت هذه فرصة لاستخدام مهاراتي المهنية من أجل تحسين المجتمع. ليزلي وقررت أن أفعل هذا. التقينا بمدير البرنامج ، واكتسبنا نظرة عميقة حول ما قاموا بتدريسه ، وصممنا نموذجًا لجمع البيانات عن كل مشارك ، وتوجهنا إلى قاعدة بيانات السجن لمتابعة خريجي البرنامج. استغرق الأمر حوالي ثلاثة أشهر للقيام بكل هذا. قمنا بتجميع النتائج وتمت دعوتنا لتقديم النتائج إلى مجموعة من الأشخاص. وصلنا في الصباح إلى غرفة مليئة بالكراسي التي تحتوي على الشرطة المحلية وضباط الإفراج المشروط والقضاة وأعضاء فريق برنامج التحويل والأطراف المعنية الأخرى.
قدمنا نتائجنا التي أشارت بوضوح تام إلى أن البرنامج كان غير فعال في تغيير سلوكيات المعتدين الذكور. لاحظنا أنه كانت هناك عودة إلى درجة عالية من الارتداد ، أي تكرار الجرائم. ذكرنا كذلك أن الرجال لم يحصلوا على الكثير من العقوبة من القضاة في المحكمة. كانوا في كثير من الأحيان قادرين على العودة إلى ديارهم بعد ليلة واحدة فقط في السجن. ومما أدهشنا أننا شاهدنا بينما تحولت قاضية إلى القاضي الذكر الذي ترأس تلك المحكمة وسألنا عما إذا كان هذا صحيحًا. أجاب أنه كان. ما علمناه لاحقًا هو أنه تم إقصاؤه من تلك المحكمة وتم تعيين قاضٍ هناك لم يكن هناك تسامح مطلق مع الذكور الذين يسيئون معاملة زوجاتهم. تم تغيير نظام المحاكم محليًا وظل كذلك حتى يومنا هذا. كنا فخورين جداً بجهودنا في هذا المشروع بالذات. شعرنا أننا تمكنا من المساهمة في سلامة المرأة في بلدنا .

ليزلي

لقد وصفت بالفعل كيف دخلت ليزلي حياتي. ما لم أصفه وكيف كانت هي حب حياتي. كانت ليزلي فردًا فريدًا جدًا. كانت ذكية للغاية ومتعلمة بعد أن حصلت على درجة البكالوريوس بامتياز في الرياضيات وماجستير في علم النفس. كانت تقرأ على نطاق واسع حول موضوعات مثل البستنة والروحانية والفن وعلم الآثار وأي شيء آخر لفت انتباهها. عندما كانت طالبة في أول الأمر، كانت تتوقف عند مكتبي خلال ساعات الدوام الرسمي ونتحدث لساعات. كنت أستمع إليها في الغالب، بسبب أدوارنا في ذلك الوقت، اعتقدت لنفسي أنها كانت تروي قصتي عن البحث والتطوير العاطفي والنفسي والفكري والروحي.

بعد وفاة زوجي غاري حزنت للغاية على خسارته. ولكن تدريجياً كانت الرغبة لدي تزداد في أن ادخل في علاقة حميمة مع ليزلي. في إحدى الأمسيات دعوتها لتناول العشاء وأخبرتها برغباتي. كنت أعلم أنني لم أكن ألعب بعاطفتها، كما علمت لبعض الوقت أنها كانت تحبني. شعرت الآن أنني على استعداد لتقديم التزام عاطفي لها. لقد فوجئت بسرورها لسماع مشاعري. وهكذا بدأنا رحلتنا معًا كعشاق وفي النهاية كزوجين. كنا أصدقاء الروح.

قبل أن نكون معاً كشركاء في الحياة، عملنا معًا. كان من الرائع أن نكون قادرين على مناقشة العديد من مشاريع العمل الخاصة بنا والتي تضمنت جمع البيانات وتحليلها وكتابة التقارير وتقديم استنتاجاتنا إلى الجمهور المناسب من أعضاء هيئة التدريس والموظفين والمسؤولين. كما اتصل بنا أحد زملاء الإدارة، كنا الثنائي الديناميكي.

ولكن في الغالب كانت حياتنا المنزلية هي التي أعطتني هذا السعادة والإلهام. مع ليزلي كنت اشعر بالامان بكل الطرق. كانت تعرف كيف تتعامل مع مشاعري ومعها قمت باستكشاف اشياء لم اكن اعرفها عن نفسي. تمكنت أخيرًا من الشعور بالأمان جنسيًا ومعرفة رغبات جسدي وتحقيقها. قضينا ساعات طويلة في مناقشة الأفكار والفلسفات. أتذكر عندما انتقلت معي كم كان عدد الكتب التي كنا نتشارك فيها. كان رائع. لم يكن هناك موضوع خارج الحدود.

كانت ليزلي فنانة أيضًا. كانت تقضي ساعات في الرسم مع صندوق به 100 قلم رصاص ملون جئت لها به في عيد ميلادها، بناء على طلبها. رسمت المناظر الطبيعية والصور. كان عملها دقيقًا جدًا وطبيعيًا. لقد استمتعت أيضًا بالإبداع على جهاز الكمبيوتر وعندما تقاعدت كنت احظي بفرحة كبيرة عند لعب لعبة الرسومات المسماة سبور. كانت تصنع كائنات في هذه المجرة الخيالية وغالبًا ما تكسب جميع المستويات لتصبح «سيد الكون» الذي كان يعطيها خيارات إبداعية خاصة .

كانت ليزلي معطائة ولطيفة للغاية. لكنها تصبح شرسة جدًا إذا كان هناك أي اعتداء حدث من الآخرون. إنها لا تخجل من الوقوف أمام شخص يتعرض للتخويف. إن حنانها الذي يرشدها إلى اكتشاف النفوس اللطيفة سيحتاج إلى التشجيع في الحياة ، وقد خرجت عن طريقها لتوفير الرعاية والدعم لهؤلاء الأفراد .

كنا قادرين على قضاء عشرين سنة مباركة معًا قبل وفاتها بالسرطان. أعلم أنها لا تريد مغادرة هذه الحياة. بعد وفاتها ، كنت لا أزال قادرًا على الشعور بقربها وتخيل محادثاتنا معًا. مع معالجها قمت بنقل رسالة منها الي بعد وفاتها. في تلك الرسالة حثتني على ألا أقتل نفسي وأن أستمر لأنه لم يحن وقتي لأترك هذه الأرض. كما تعلمون كنت قد دمرت نفسيا بسبب وفاتها وما زلت أشعر بالحزن العميق على خسارتها .

أعلم أنه عندما أغادر هذه الحياة ، سنكون معًا إلى الأبد وسأعرف النعيم مرة أخرى.

اريك

جاء اريك في حياتي بشكل غير متوقع. التقيت به ذات يوم في أحد المعسكرات التي استخدمتها مع ليزلي بشكل متكرر. كنا نقضي عطلة نهاية الأسبوع هناك نحتفل بعيد ميلادها ، دعينا ولديها وعائلاتهم للانضمام إلينا. ساعدت ليزلي في تربية ولدين توأمين. كانت على علاقة مع والدتهما ، وعلى الرغم من تفككهما ، فقد قررت العيش بالقرب منها والمساعدة في تربية الأولاد. لقد أحببتهم كثيرا .

في أحد أيام الصيف ، عندما دخلنا المخيم ، قفز رجل وسيم ونابض بالحيوية في الأربعينيات من عمره إلى عربة سكن متنقلة. قلت «مرحبًا» منادية به باسم أخيه. قال «كلا ، أنا إريك». هكذا بدأت صداقتنا. كان أحد الأشياء الأولى التي قالها أنه يحب النساء دون ماكياج. فكرت «ياله من شئ منعش وما اجمل العيش هكذا .»

بدأ إريك بقضاء بعض الوقت معنا ، حيث كان يزورنا لبضعة أيام ليكون مع ليزلي. كانت مصابة بالسرطان لكنها لم تخبر إريك ، عندما كنا نزور ليزلي أثناء وجودها في المركز الطبي بجامعة سان فرانسيسكو ، أدرك كم كانت مريضة .

في وقت ما من ذلك الخريف كنت بحاجة للسفر إلى أوكلاهوما للاهتمام بعقارات العم. اضطررت إلى البقاء لفترة أطول من المتوقع ونفدت مني أدويتي. بحلول الوقت الذي عدت فيه إلى أوكلاند ، كنت ارتعش. ثم ارتكبت خطأ أحمق عندما شربت الكحول بفندق هيلتون في أوكلاند في وقت متأخر من المساء لأنهم لم يكن لديهم غرفة تمرين يمكنني استخدامها للاسترخاء من الرحلة. استيقظت اشعر بالاهتزاز وأدركت أنني لا أستطيع قيادة نفسي إلى المنزل إلا إذا حصلت على الدواء اللازم لتهدئة أعصابي. اتصلت بالمنزل وطلبت من إريك إرجاء نقل جميع أدويتي لي وهو ما وافق بكل سرور على القيام به. اريك هو روح محبة حريصة على الإرضاء. بعد عدة ساعات (تائها) وصل أخيرًا. في طريقي إلى المنزل سألته عما إذا كان مثلي الجنس ، لأنه بقدر ما أستطعت أن اعرف عنه من قصة حياته , لم تكن له علاقة جدية مع امرأة. هكذا بدأ محادثة طويلة حول حياته. علمت أنه كان من مثلي بالفعل وتراجع إلى حياة انفرادية بعد وفاة مأساوية لصديقه في ليلة حفلة موسيقية رفيعة المستوى في المدرسة الثانوية. كان لديه بعض العلاقات القصيرة ، ولكن لا شيء استمر لفترة طويلة حقا. بدلاً من ذلك ، كرس نفسه لحياة ركوب الأمواج في منطقة سانتا باربرا بولاية كاليفورنيا بينما كان يعمل بدوام كامل في محل بقالة. لقد فعل هذا لمدة 18 سنة. عندما سألته عن ذلك أوضح ذلك بهذه الطريقة :

هل تساءلت يومًا عن كيفية عمل الكون؟ هل فكرت «ربما هناك إجابة لم تدرسها في المدرسة؟» قال لي إريك :

أنا شخصياً كنت أشعر بالفضول دائمًا ووجدت إجاباتي بالتصفح علي الإنترنت ... مرتبطا بقوة الطبيعة وتدفقها. لقد تعلمت أن أشاهد عندما تتطور الأمواج وتعلمت تدريجياً كيفية "ركوبها" - أي كيفية التواصل مع الطبيعة كما هي بالفعل. جعلني أشعر بأنني صغيرة لأن الطبيعة كبيرة جدًا. ومع ذلك ، شعرت أيضًا بالحب كقوة إرشادية في الكون. وحاولت الاستماع ومتابعة هذا الصوت. لقد كان هدفي فى الحياة .

كانت هناك العديد من المشكلات والتحديات على طول الطريق حيث أصيب جسدي ولم يعد بإمكاني ركوب "الأمواج الكبيرة". لقد تعلمت التكيف والتوصل إلى طرق أخرى للاتصال مثل الموسيقى ومشاهدة شروق الشمس وغروبها ، وهكذا إيابا. أتوقف ، لا أزال أستمع إلى صوت الله اللطيف الذي يتحدث من خلال الطبيعة الأم. أسمع طيور تغني ... أسمعها في أمواج تتهاوى ... في ريح تهب على الأشجار ، وأتذكر أنني لست وحدي. أنا فريد من نوعه ، جزء صغير من الكون. ومثل السيمفونية تأخذ العديد من الأدوات المضبوطة واللعب سويًا لخلق الكل ، حتى مع الحياة - أنا أداة في سيمفونية الحياة .

استمر إريك في البقاء معي بعد وفاة ليزلي. أصبحنا أصدقاء مقربين للغاية وكان من الطبيعي أن يكون متواجدا معي. في أحد الأيام أدركت أنني كنت أشعر بمشاعر جنسية تجاهه. سألت عما إذا كان يشعر بنفس الطريقة وقلت إن كان قد فعل ذلك ، أن يأتي ببساطة إلى الطابق السفلي حيث كنت انام. وفي إحدى الليالي ، جاء بالفعل وكان رائعًا. لقد كنا معا منذ ذلك الحين. تزوجنا في 18 مايو 2017

إريك روحه لطيفة. أحب أن أشاهد عينيه وهما يكشفان الكثير عن شعوره وما يفكر فيه. لدينا طريقة سهلة معًا أن يكون كل واحد منا هو نفسه فيما يتعلق ببعضنا البعض. إنه نعمة هائلة بالنسبة لي .

سيارة جديدة

لقد عدنا مؤخرًا بعد رعاية منزل أم إريك التي تعيش في مقاطعة على بعد حوالي ساعة ونصف. كنا نحاول العودة في الوقت المناسب بالنسبة لي لعقد جلسة 7:00 مساءً. مباشرة بعد أن اخذنا الطريق السريع وكنا على بعد ميلين أخيرين من منزلنا ، حدث لنا حادث سيارة ودخلنا في شاحنة أمامنا. السيارة تدمرت

في صباح اليوم التالي ذهبت للبحث عن سيارة جديدة. لقد وجدت سيارة مرسيدس مستعملة أود شراءها. بدت كما لو كانت هي المطلوبة وأن إرادة الله تأخذني إلى اتجاه آخر في الحياة. تحتوي السيارة على نظام ارشاد يمكنني استخدامه للذهاب إلى الاجتماعات التي لم احضرها من قبل. لقد شاركت الفكرة مع الراعي قبل أن أشتريها محرجة قليلاً من اناقتها. قال إنني استحقها وإلى جانب ذلك ، سأظل نفس الشخص عندما اخرج منه. قد وافقت. وقال اريك أيضا أنني أستحقها .

عندما كنت أنتظر الأوراق ، كنت افكر مع نفسي. جاء أبي فجأة قائلًا "احسنتي ... لديك رقي". نصحني بشدة في نهاية حياته "إذا كنت تريدين فعل شيء ما افعليه!" شعرت بالارتياح لوجوده .

كتاب جديد للقراءة

صباح الثلاثاء ذهبت للتمشية كعادتي. أثناء القيادة ، شاهدت صديقًا من AA فسألته عما إذا كان يرغب في المشي معي. وافق وحدث بيننا محادثة جميلة أثناء المشي. خلال مسيرتنا ، ذكر أن لي ب AA
كان مهتم بالعديد من الفلسفات. في اجتماع ليلة الثلاثاء سألته عن ذلك. ذكرت كتاب الحب بلا نهاية ... يسوع يتحدث بقلم غليندا جرين. ثم أوصى هو بكتاب بعنوان "اختفاء الكون" الذي عدت إلى المنزل وطلبته. إنه يتعلق بسيدان صاعدان يظهران لرجل يكتب عن محادثاته مثلما كتبت غليندا جرين عن محادثتها مع يسوع عندما ظهر في استوديوها ورسمت صورته. أشعر كأنني يتم ارشادي يوميًا إلى حياة روحية جديدة. كل ما هو مطلوب مني هو الاستعداد للمضي قدمًا بقصد خدمة الله. انها معجزة جدا وأيضا على أسس بسيطة للغاية. أشعر بالمباركة جدا .

أنا الآن أقرأ كتاب علش شمعة حتى أتمكن من البدء في القراءة على الفور بدلاً من الانتظار لمدة يومين حتى تصل النسخة المطبوعة (نعم). إليكم اقتباس يبدو مهمًا جدًا بالنسبة لي :

هناك طريقة للحصول على إرشادات حول كيفية المضي قدمًا في العالم
(الصفحات 27-26).

دع روحك لالله لأنه كل شيء
(ص 27).

إرادة الله

نتحدث في AA
عن محاولة التبين وفعل مشيئة الله في حياتنا. في كتاب يسوع الذي يتحدث ، الحب بلا نهاية بقلم غليندا جرين ، يفسر يسوع إرادة الله بهذه الطريقة (الصفحات 315-314):

هناك أربعة مستويات من النوايا ... الأول هو نية الله. يمكنك تلخيص نية الله بلطف شديد وبساطة بهذه الطريقة. انه الحب. الحب هو إرادة الله ...

تم وضع المستوى الثاني من النية من قبل الخالق في الوظائف المادية لكوننا. ينفذ هذا المستوى من النية تحت سلطة مبدأين أساسيين. واحد هو أن الحياة والأحياء تسود على الموتى والموت. هذه هي إرادة الله ، لذلك كلما دعمتم الحياة والأحياء ، فأنت في وئام مع إرادة الله لهذا الكون. المبدأ الآخر الذي يكمن تحت هذا القصد من أجل الرفاه الجسدي هو قانون السبب والنتيجة (لاحظ مفهوم الهندوسية للكرمة). يعتزم الخالق أن يعود الكون دائمًا إلى حالة توازن. بغض النظر عن المدى الذي قد تتأرجح فيه حالة الوجود إلى "اليسار" ، فسيتم دائمًا إعادة التوازن إلى "اليمين" والعودة في النهاية إلى الوسط ...

الجانب الثالث من النوايا يتعلق بموضوع الاحترام والعدالة في إطار أخوة الإنسان. أنت لا تعيش بمفردك. أنت تعيش داخل عائلة وإخاء ، والخطة هي أنه في يوم من الأيام ستكون أخوة رائعين ...

ثم أخيرًا ، على الرغم من أنه ليس أقله ، نواياك الخاصة ، إذا كان لديك النية وفهمت ما وضعته في الحركة. هذه البذور التي زرعتها ، ربما بعد فترة طويلة ، ستنمو ...

من الصعب معرفة ماهية هذه النوايا لأنها زرعت كبذور في أذهاننا وقلبنا في سن مبكرة وتشكل كيف نحدد ونختبر هذه الحقيقة الجسدية. يتطلب الأمر الكثير من البحث عن النفس والتفكير للوصول إلى أصل هذه الافتراضات والنوايا والعلاج النفسي والصلاة والتحدث مع شخص موثوق به يمكن أن يساعدنا في هذا الصدد .

القلب المقدس

بحسب يسوع
(كما وجد في كلام يسوع: الحب بلا نهاية)

في قلب روحك القلب المقدس. هذه هي النقطة التي أنت واحد مع الله. يرى القلب اللانهاية داخل وخارج. يمكن أن يكون هذا هو الكمال. ويمكن التحقق من أصل الظروف وتغييرها. القلب هو ذكائك العالي .
(ص ٤٩)

...عقلك هو مجرد خادم ، وأنه يتصرف بشكل جيد إذا تم إعطاءه نبضات إيجابي يتصرف بشكل سيء للغاية إذا تم إعطاءه نبضات سلبية.
(ص 50)

يتم تقديم هذه النصيحة أيضًا من قبل معلمي الهندوس الذين يذكرون ببساطة أن العقل هو خادم رائع ولكن
سيدًا فظيعًا.) وبالمثل ، في تعاليم الطاوية ، لا ينفصل العقل والقلب عنهما بل يشار إليهما بعقل القلب .

معني التركيز الغربي على العقل بالنسبة لي في حياتي هو أنه لمدة 32 عامًا اعتقدت أن الطريق إلى "الحقيقة" ، لفهم الكون ، كان عبر العقل. لذلك قضيت ذلك الوقت في التعليم العالي في الحصول على EDD
في الطرق الكمية في علم النفس التربوي من جامعة كاليفورنيا في بيركلي. وصفت تجربتي الشخصية في دراسة الإحصائيات وأساليب علم النفس في علم النفس التربوي على أنها تسلق شجرة. في الدورة الأولى ، "مقدمة في الإحصاء" التي تعلمتها في برنامج الماجستير ، هي جذع الشجرة: الجزء السفلي والأكبر من التخصص. وبينما تقدمت مع كل دورة إضافية على مدى فترة عشر سنوات ، شعرت كأنني أتسلق تلك الشجرة من جذع الي اخر ، وفي نهاية الجذع سقطت في يدي الله. أدركت أن ،

على الرغم من أن الإحصائيات يمكن أن تفسر الكثير حول ما يحدث في عالمنا ، عندما نطبق البيانات الصحيحة بطريقة علمية ، فإن لها حدودًا. وذلك عندما التفت مرة أخرى إلى العالم الروحي لمحاولة فهم الحقيقة .

بدأت حضور ورش العمل ، خلال عطلات نهاية الأسبوع ، حيث قام بتدريسها طل من الدكاترة "نورم شيلي" و"كارولين ميس". اكتسبت فهمًا جديدًا لأعمال الكون وحياتنا. درست الطرق الميتافيزيقية والبديلة للشفاء من الدكاترة نورم شيلي وكارولين ميس. بعد بضع سنوات تلقيت درجة الدكتوراه في طرق العلاج البديلة. كل هذا كان رحلتي الشخصية لفهم الكون وأشاركه معكم الآن في حال وجدتوه مفيدًا أو مساعدا في حياتكم. نحن نعيش في زمن محوري ومن المهم أن نفعل كل ما في وسعنا لتبين كيفية الارتباط بالمبادئ الإلهية للكون ، بأي اسم تسميه .

مرة أخرى أقتبس من كتاب غليندا غرين: ... سوف تجد الإجابات على شفاء حياتك في القوة الداخلية لقلبك ... أقدم لك ثلاث ممارسات: الأول هو تعزيز كل مشاعرك الإيجابية من خلال الامتنان اليومي والإعجاب عالم جميل من حولنا. والثاني هو إضعاف مشاعرك السلبية يوميًا من خلال المغفرة. الممارسة الثالثة سيكون عليك العمل بجد أكبر ، ... ما أشير إليه هو "الإدراك البريء" (ص 51) الإدراك البريء هو طريقة للنظر إلى العالم دون إصدار حكم. معظمنا ، عندما نرى شيئًا ما ، يتخذون أحكامًا بشأنه (ما هي غروب الشمس الجميل ، غرفة الفوضى ، وما إلى ذلك). يقترح يسوع أننا ببساطة نلاحظ العالم كما هو .

القلب هو رابطك المرتبط بالله والكون ، والذي يدمج مركزك الفريد من الخبرة والوعي والشخصية مع ما هو أبعد من فهمك ... القلب مغناطيسي ، صامت ، وثابت. إن الشعور بالوجود هناك يشبه الشعور بالراحة في بحيرة هيفنلي الهادئة ، أو العائمة في مكان فارغ. كمركز مغناطيسي ، قلبك هو المولد لجميع طاقات حياتك ، وكلما قمت بتمكين قلبك ، ترفع مستوى طاقتك جسديًا وعقليًا وعاطفيًا وروحيًا. داخل القلب سوف تجد أيضًا الوضوح والعزم والصمود والنية والسكون والاحترام والعدالة واللطف وتصورات العظمة.

(ص ، 155)

الاكتئاب

لم أفهم الاكتئاب أبدًا حتى حدث لي. لقد مر حوالي عامين ونصف بعد وفاة ليزلي. كنت أحزن ولكن أحاول التعامل مع الحياة. ثم في يوم الذكرى 2016 ، كنت أشاهد التلفزيون في غرفة التلفزيون في الطابق العلوي وسمعت ضجة شديدة. مشيت في الطابق السفلي وأدركت أن الماء كان يقطر من السقف على الأرض في غرفة الملابس. لقد وضعت سلة مهملات تحت التنقيط واتصلت بإيريك وطلب منه العودة إلى المنزل ومساعدتي. أدركت أن منطقة البساط بأكملها في غرفة الملابس كانت رطبة وكانت هناك مشكلة كبيرة. لجعل قصة قصيرة طويلة ، اتصلت سباك وخرج. كانت باهظة الثمن لأنها كانت عطلة نهاية الأسبوع. تمكن السباك من تقييم بعض الأضرار واستبدال سخان المياه. ومع ذلك ، بدأ هذا المشروع لمدة ستة أشهر للتعامل مع الأضرار التي لحقت بالمنزل. في النهاية ، اضطررنا إلى إزالة كل شيء من كل غرفة في المنزل (باستثناء مكتبي الذي رفضت القيام به) على العشب في الفناء الخلفي. كان يجب طلاء المنزل بأكمله من الداخل ، واستبدال السجاد واستبدال الأرضيات في المطبخ وحمامين. أثناء القيام بذلك ، اضطررنا إلى الخروج والبقاء في الفنادق لمدة ثلاثة أسابيع تقريبًا بينما تمت إزالة الأسبستوس وتم تشغيل أجهزة الترطيب على مدار 24 ساعة يوميًا لعدة أيام. شعرت أن كل شيء كنت أعمل فيه خلال الثلاثين عامًا الماضية قد دُمر. بدأ هذا الاكتئاب ضخمة بالنسبة لي. (الآن أرى أنها كانت نعمة لأنها ساعدتني على خلق شعور جديد في منزلنا والتخلص من الكثير من الأشياء التي واجهتها ليزلي والتي لم أهتم بها. لكن هذا الآن.) شعرت بالإرهاق التام ولم أفعل ذلك تعرف كيف كنت ذاهبا لدفع ثمن كل هذا. لقد قدمنا مطالبة بسياسة مالك منزل State Farm ، لكن ذلك تضمن العديد من المحادثات والزيارات مع ممثلين من State Farm والعديد من المقاولين الذين شاركنا في حل المشكلات. تم قطع اتصال جهاز الكمبيوتر الخاص بي وفقدت القدرة على القيام بأعمالي المصرفية عبر الإنترنت واستأجرت ائتمانًا للتعامل مع أموالي. لقد تحولت من كوني نائب رئيس مشارك مختصًا إلى ما شعرت بأنه أحمق ملتهب. على الرغم من أنني لم أشرب الخمر في ذلك الوقت ، إلا أنني بدأت أعمق وأعمق في الاكتئاب. شعرت باليأس من أن الحياة ستشعر بالراحة مرة أخرى. في النهاية حاولت أن أقتل نفسي عن طريق قطع حلقتي بشفرة حلاقة. لقد تصورت أن اريك سيكون أفضل حالاً من دونه ولذا فقد رتبت الأشياء حتى يحصل على الموارد المالية التي يحتاجها ليقود سيارتي إلى طريق بعيد عن منزلنا ووضعه في المقعد الخلفي وقطع حنجرتي. بشكل مفاجئ لم يضر. كان الجو مبللاً حيث استنزف الدم أسفل رقبتي وعلى كتفي ولكن ليس مؤلماً. أنا شرائح عدة مرات وانتظر أن يفوت. لكنني لم أفوت وسمعت مجرد سيارات تمر. شعرت بالملل وقررت قيادة السيارة إلى المنزل. وصلت إلى المنزل وبينما كنت أسير نحو إريك أدرك أنني كنت دمويًا وأصيبت بالقلق. سأل عما حدث وقلت له. اتصل ب 911 وجاءت سيارة إسعاف وشرطة. تم تحميلي في سيارة الإسعاف وقالوا "لا أحد سيموت على ساعتي ".

اعتقدت أن هذا سخيفًا وأنني لن أموت إذا توقف جسدي عن العمل لكنني ببساطة سأتركه وروحي ستطفو بعيدًا وهذا ما أردت. لقد نُقلت إلى المستشفى ، وأجريت لي عملية جراحية طارئة (حيث كنت قد قطعت الشريان القراطي تقريبًا) وبعد بضعة أيام انتقلت إلى مستشفى للأمراض النفسية. أعطيت مضادات الاكتئاب وأرسلت إلى المنزل. لكن الاكتئاب لم يرتفع وبعد ذلك أمضيت ثمانية عشر شهراً في الجحيم حتى وصلت أخيرًا إلى Alcoholics Anonymous.

لقد شعرت بالارتياح من برنامج العيادات الخارجية ولكن ، كما تعلمون ، بدأت في الشرب بعد المحاولة الأولى في البرنامج واضطررت للعودة بعد تناولي مع تود في وحدة استقرار الأزمات في 7 يوليو 2017. ما الذي جعلني أفكر في الكل من هذا هو يوم الجمعة الماضي ، وهو اليوم الذي اشتريت فيه سيارة مرسيدس ، عندما كنت أعود إلى منزلي من اجتماع AA،

أدركت أنني أشعر بالسعادة لأول مرة منذ فترة طويلة جدًا. كنت في سلام ، لكن هذه كانت سعادة مختلفة. لقد عدت تدريجيا إلى هذه الحياة خلال الأيام القليلة الماضية. لدي ظهري الجنسي وفرحة العيش. لقد بدأت الكتابة في هذه المجلة التي آمل أن تتحول إلى كتاب. أشعر بالقدرة بكل الطرق وأدير أموالي الخاصة (ولدي منذ يونيو ولكن هذه قصة أخرى). أنا حتى أستخدم إشارات الدوران على سيارتي التي توقفت عن الشعور بالرضا التام للموت في حادث سيارة. لم أكن أدرك تمامًا كيف انسحبت من الحياة إلى أن أعود إليها. حتى أنني أقرأ كتابًا مثيرًا عندما أخرج لتناول الطعام بنفسي ، لذلك أشعر أنني عدت إلى طبيعتي. أنا أتصل بالأصدقاء وترتيب للتو لمقابلة أختي لتناول الشاي لدينا عيد الميلاد التقليدية عالية معا. أدركت الآن أنني قد انسحبت من العالم لمدة ثمانية عشر شهراً وهذا وقت طويل جدًا. الحمد لله لقد عدت! آمين. أنا في حالة رعب من مدى استمرار حياتي في النمو يوما بعد يوم وأعمل برنامج AA وأسلم

حياتي إلى الله. قبل عام واحد فقط ، كنت في مستشفى للأمراض النفسية ، وصرفت صائغي بلطف في بعض العملات الذهبية التي حصلت عليها من أمي وأبي ، وعرضت السماح لي بالبقاء في الوحدة خلف منزلها الذي بنته لأمها لتبقى فيه عندما زرت . لا يمكنك شراء هذا النوع من اللطف لأي مبلغ من المال. كانت ببساطة نتيجة سنوات من مجيئي إلى متجرها ، والحديث ، وشراء الأشياء (أو بيع خواتم الزفاف القديمة) ونمت صداقتنا بشكل طبيعي من تلك اللقاءات. أنا سعيد لجلب أعمالها. كما قدمت لنا سلة عيد الميلاد مليئة بالسلع وهي أول هدية لنا هذا العام. قام إريك بشراء البوينسيتياس للمنزل ويشعر بالاحتفال الشديد. كنت في حاجة لعيد الميلاد بشكل مختلف هذا العام حتى لا يتم تذكيرك بكيفية عمل ليزلي وأنا. اتصلت بأختي واتفقنا على لقاء شاي عيد الميلاد الذي فعلناه لسنوات عديدة. والصديقة التي أعادت مكالمتي بعد أن تركتها رسالة تسأل عما إذا كانت ستهتم بالاجتماع لتناول طعام الغداء. كانت متحمسة للغاية وترحاب. سأقابلها يوم الثلاثاء في الأسبوع المقبل وشقيقتي يوم الخميس في الأسبوع القادم. أعود تدريجياً لأكون مشاركًا في هذا العالم بطريقة رصينة ومتينة. الحياة جميلة ومباركة جدا!

قوة عليا

أفهم الآن أن قوتي العليا هي صوت المسيح أو الروح المقدسة (الشيء نفسه) الذي يتناقض مع صوت الأنا. أطلب الآن أن يكون المسيح أو يهصوا (اسمه في الآرامية) هو ما أستمع إليه طوال اليوم (والليل). بعد قراءة "اختفاء الكون" ، فهمت أن الغرض من الحياة هو أن أكون فرصة لتتذكر الله وأنني لست منفصلًا (حقًا) عن الله. أنا أفهم الله أن يكون حالة من الكمال والحب ، ثابت وثابت إلى الأبد .

وعي الله هذا هو ما كنت أتجه إليه عندما سقطت وخبطت رأسي بصخرة عندما كان عمري ١٧ عامًا. غادر وعيي عن جسدي وعوميت نحو ضوء ساطع وجائني شعور بحب رائع غير مشروط ، حتى ذلك الوقت ، حتي ذلك الوقت المعروف. هذا هو المكان الذي سأعود إليه عندما أنتهي في النهاية من التفكير في أني مفصول عن الله وأعود إلى منزلي. في غضون ذلك الوقت ، كنت اقوم بالاستماع إلى صوت يشوع وأشعر بالسلام والصفاء والمغفرة لنفسي ولجميع الناس في العالم. لا أتذكر هذا كثيرًا ولا يزال لدي المزيد من القراءة في الكتاب ومن ثم لأمارس الصفح كما أفعل في دورة المعجزات ، لكن في هذه اللحظة يبدو كل شيء واضحًا وبسيطًا. الأمر ليس سهلاً لكنه بسيط .

المدرسة الروحية

نحن الآن ب 2018 وما زلت انمو بالروح الداخلية. لقد أدركت مؤخرًا أنه على الرغم مما قد أفعله جسديًا في هذا العالم (الذهاب إلى الاجتماعات ، والمشي في أرجاء بحيرة الربيع مع اريك ، ورؤية الكفيل الخاص بي ...) داخليًا ، أدرك أن هناك صوتين: صوت الأنا وصوت الروح. أنا ، المراقب ، أراقب بينما يذهب وعيي بين هذين المصدرين. ينزعج الجانب الأنا من الأشياء التي تحدث ويريد التحكم في الآخرين ونتائج الأشياء وما إلى ذلك. صوت الروح هادئ وثابت ، منفصل عن نفسه ، وهو خالي من المخاوف بشأن نتائج الأحداث في هذا العالم.

لقد جئت للتو من رؤية فرانسيس ، معالجي ، ومناقشة هذا التحول في الوعي. أشارت إلى أن الأمر سببه بالنسبة لي ترك ليزلي هذا العالم.فقمت بالبحث عن الروح. إنها طريقة إيجابية للتعامل مع وفاة ليزلي. وبدون ذلك ، لم أكن لأقع في يأس عميق وإدمان على الكحول وأدى ذلك إلى الانفتاح على قبول أنني مدمنة على الكحول وأنا الآن في طريق روحي. كما أوضح ذلك الآن ، أحضر اجتماعات AA لمدة ستة أيام في الأسبوع وأرى أنها ذاهبة إلى المدرسة الروحية. أنا أتعلم أكثر كل يوم وأنا من بين أشخاص آخرين في المدرسة الروحية ويحاولون بجدية تطبيق المبادئ الروحية على حياتهم. نحن لسنا مثاليين ، لكننا نحاول. أرى الآن أنه كلما وصلت إلى شيء خارج عن نفسي لم يكن الروح (إحصاءات ، مهنة ، ليزلي) كنت أظل عالقة في هذا العالم. أنا الآن أتواصل مع روح ليست من هذا العالم بل بداخله وبخارجه. هذا تحول كبير .

مراجعة 2017

في مراجعة عام 2017 ، أدركت أنه كان عامًا محوريًا للغاية بالنسبة لي. حصلت على الشفاء وهو نعمة وتغيير نمط الحياة الكلي. أشعر بالسلام والصفاء معظم الوقت.
تزوجت اريك. كان الأشخاص الأكثر تأثيراً هم تود ، مستشار القبول في وحدة الأزمات الذي أخبرني أنني مدمن على الكحول ؛ مات ، المستشار في برنامج Out patient الذي ساعدني في الانتقال إلى الشفاء ؛ وراعي في AA.
كان فرانسيس ، المعالج ، حليفًا رائعًا ودليلًا لي خلال هذا الوقت. سأستمر في . رؤيتها. في ٢٧ ديسمبر ٢٠١٧ ، كانت هذه هي السنة الثالثة منذ انتقال عزيزتي ليزلي إلى الجانب الآخر. أعلم أننا معًا في العقل ، لكني ما زلت أفتقد الحديث معها وإجبارها على الارتباط بها.
بالنسبة لعام ٢٠١٨ ، ليس لدي أي تغييرات كبيرة مخططة. أريد أن أستمر في نمط الحياة الذي خلقته وهو موجه لصحة جسدية وعاطفية وروحية .
لقد جئت للتو من تناول الغداء بمفردي ، لأن إريك كان نائماً ، وقمت بقراءة "اختفاء الكون". لقد انتهيت تقريبًا من هذا الكتاب. لقد ذكر أننا نموت عندما نكون قد تعلمنا الدروس في هذه الحياة. هذا يبدو منطقيا بنسبة إلي .
أنا أيضا الآن في دورة المعجزات كل يوم. إن فكر اليوم هو أنني هنا لكي أسامح وظيفتي كجائزة للضوء في هذا العالم ، وعندما أؤدي هذه الوظيفة أشعر بالسعادة. هذا هو التفكير الرائع للتأمل والتقدم بطلب اليوم .
بالأمس ، سافرنا شمالًا إلى المقاطعة التي تعيش فيها والدته لندع مانح الرعاية لأمه يعرف أنها لم تعد بحاجة إليه. وجدنا شخصًا من ذوي الخبرة في التعامل مع مرض الزهايمر والموت ومن السهل جدًا التعامل معه. إنها نشطة ومستجيبة للاقتراحات المتعلقة برعاية والدته ، مثل أخذها للخارج للمشي والأفلام عندما تكون مشمسة وهي مؤيدة لها. أعرف أن هذا هو القرار الصحيح بالنسبة لها. من المحزن أن ترى مانح الرعاية الآخر يذهب لكن إريك وأنا مرتاحان للغاية. كذب لنا مقدم الرعاية السابق وأحدث الكثير من الاضطرابات في حياتنا. آمل أن تجد المساعدة التي تحتاجها لكي تصبح بالغًا يتمتع بصحة جيدة. وباركتها وطلبت مراراً وتكراراً أن أتغير. لقد تبين لي بشكل تدريجي وثابت أنها لم تكن على حق وأنه قد حان الوقت لاستبدالها. وقد تم ذلك الآن.

هذا كل ما يجب أن أكتبه اليوم. اليوم ممطر, تمشيت مسافة خمسة أميال حول بحيرة الربيع كالمعتاد ، وخرجت لتناول الغداء في مطعمنا المحلي المفضل والآن اقوم بعمل أشياء حتى أغادر إلى اجتماع AA الليلة .

هناك امرأة جديدة طلبت توصيلها في بعض الأحيان لحضور الاجتماعات ، لذلك سوف أتحقق منها ومعرفة ما إذا كانت تري الذهاب الليلة. أشعر أنني المباركة في حياتي الجديدة .

الأحلام ، ان تكون منكسر ، والتعتيم

استيقظت على حلم بالصباح التالي:

أنا «كاهن» ذكر ، رجل أصغر سنا ، معترف به ان له الحق في أداء طقوس «الإنجاز» ، بعد وصولي. كان هناك ذهب في القلنسوة التي نرتديها برؤوسنا. كان هناك رجل كبير بالسن وكاهن آخر يرشدني الي كيفية أداء هذه الطقوس. كنت قد "بادرت"

لقد أدركت أن الشرط المسبق للاستعداد لقبول ما تقدمهAA
"هو "الانكسار ،
أي تحقيق عميق في روح الفرد في أن جميع جهودنا للتعامل مع حياتنا وحل لغز كيفية العيش "مريحة" "لقد فشلت الحياة. عندها يكون المرء جاهزًا أخيرًا ، دون تحفظ ، لطلب المساعدة - من أشخاص آخرين ومن قوة عليا (الطقس ندرك أننا نسأل في هذا المستوى أم لا). هذا هو الشرط الأساسي لاتخاذ / تجربة الخطوة الأولى: اعترف بأننا كنا عاجزين عن تناول الكحول ، وأن حياتنا أصبحت غير قابلة للإدارة .

أولئك الذين يدخلون AA
قبل هذا «الافتتاح» لا يحصلون عليه ولا يبقون. أولئك الموجودون هنا مستعدون لبدء العملية .

لقد أدركت الآن أنه كان لدي عتامات سوداء - عندما كنت «استيقظت» وأدركت أنني كنت في محادثات مع الآخرين ولم أتذكر ما حدث قبل ذلك. يمكن أن أكون مذهلة للغاية .

إدمان الكحول هو «شغف جسدي مع هوس عقلي» (من الكتاب الكبير). نعم ، أتذكر أنني شعرت جسديًا بالرغبة في تناول الخمر ، حتى أشعر جسديًا بـ «موافق» - حتى لفترة قصيرة. كان الهوس العقلي هو الوعي المستمر بأنني «أحتاج» لأتوفر الكحول - على سبيل المثال ، عندما وصلت إلى منزل أحد الأصدقاء في إجازة أو عند السفر في عمل ، مع العلم أن لدي قنينة صغيرة من الجن في حقيبتي التجميلية ، بعد أن هبطت في الفندق ، وضعت ملابسي في الأدراج ، وتمكنت من ذلك ، يمكنني الاسترخاء مع الجن والتحدث مع ليزلي عن أيامنا هذه .

التغيير الآن هو أنني لا أتوقع أن تكون أي مادة كيميائية قادرة على تغيير حالتي العقلية (باستثناء مضادات الاكتئاب ولكنها ليست وسيلة "للارتفاع" فقط وسيلة للحيلولة دون الهبوط إلى أعماق الاكتئاب. أنا الآن بحاجة إلى العمل مع أي حالة نفسية أجدها للخروج منها ، أي قبول ما هو عليه ، وتكريمه ، والجلوس معه ، ورؤية ما يجب القيام به بعد ذلك ، وأحيانًا يكون الشيء الوحيد الذي يجب فعله هو: استمر في اتباع روتيني المعتاد المتمثل في المشي خمسة أميال في الصباح ، والخروج لتناول الغداء ، والذهاب إلى اجتماع AA

في المساء ، والآن بعد أن أمضينا يومي السبت والأحد في القيادة شمالًا لرعاية أمي إريك ، وقتنا ل لقد تغير المرح ، أدركت أنني أفتقد محركاتنا على الطريق السريع 1 حتى ثلاث ساعات لتناول العشاء ثم عادت إلى الوراء ، لذلك فعلنا ذلك يوم الخميس الماضي بدلاً من الذهاب إلى اجتماع في تلك الليلة ، لقد كان ممتعًا وأدركت أثناء القيادة أنني لقد نمت حقا أن يكون ذلك الوقت للاسترخاء ودع عقلي يهيمون على وجوههم والتحدث ث إيث إريك ، لقد مر الكساد الذي شعرت به بعمق يوم الاثنين الماضي عندما رأيت فرانسيس من خلال القيام بهذه الأشياء. أود أن أتذكر هذا في حالة عودة الشعور يومًا ما .

رسالة من ليزلي

بالأمس كنت أقوم بتنظيف مكتبي ووجدت رسالة من ليزلي بعد وفاتها. بعد فترة وجيزة من وفاة ليزلي ، ذهبت لرؤية فرانسيس ، الذي كان أيضًا معالج ليزلي. كنت أخبر فرانسيس أنني شعرت بالقرب من ليزلي كما لو كانت جالسة بجواري. شعرت أن ليسلي لديها ما تخبرني به. قالت فرانسيس إنها ستكتب ما شعرت أن ليزلي كانت تقوله وهذا ما وجهته إلي :

"يا حبيبتي ، تعتني بنفسك ، لا تؤذي نفسك.

من فضلك لا تشعر بالسوء ، يرجى أن تسامح نفسك - أنا كذلك.

أعلم أنني كنت عبئًا وكان حملًا ثقيلًا.

لذا حبيبتي من فضلك لا تقتل نفسك. نحن ما زلنا معا.

أنا آسف للغاية لأنني يجب أن أموت ، لا أريد أن أموت. لم أقصد أبداً أن أتركك وأعلم في قلبك أنني لن أتركك أبدًا - يمكنك دائمًا الاتصال بي للحصول على الدعم والحب. اقرأ بطاقتك وجرب ، حاول أن ترى الروعة في العالم ، الجمال .

هذا ليس وقتك. لديك المزيد للقيام به ، أكثر لتقدمه. اكتب كتابك ، وسوف يساعد الناس. سوف يريدون قراءتها .

أبنائي بحاجة إليك أيضًا ".

عندما قرأت هذه الرسالة اليوم ، أدركت أن ليزلي كانت تتحدث عن هذا الكتاب ، وليس الكتاب الذي كنت أعمل عليه ، وقد تم دمجه في هذا الكتاب. لقد أدركت أيضًا الليلة الماضية أنه يمكنني نشرها تحت روز ب. وسوف يبقيني مجهول الهوية وهو أحد مبادئ AA.

أشعر أن هذه المجلة لها عمق وتتناول بعضًا من أصعب المشكلات التي تواجه الحياة للتوفيق بينها.

استسلام

الاستسلام هو شرط للحياة الروحية. بيت القصيد هو التوقف عن العمل بناء على الإرادة الذاتية والاستسلام لقوة أكبر من أنفسنا. هذه عملية عملية بلحظة. أبدأ إدراكي لهذا كل صباح عندما أستيقظ وأحاول أن أتذكر أن استمر الأمر طوال اليوم. إذا وجدت نفسي أستعيد السيطرة ، فأنا ببساطة ألاحظها وأتركها مرة أخرى. إذا وجدت نفسي أشعر بالقلق من القيادة في السيارة إلى موعد ، على سبيل المثال ، أتذكر أن الله مسؤول وأنني شاهد على ما هو المقصود بحدوثه. ثم يمكنني الاسترخاء وترك .

كنت في اجتماع للقادمين الجدد مساء الاثنين وكتبت «الاستسلام» كموضوع للمناقشة. ولما كان شخص ما يدلي برأيه ، لاحظت وجود امرأة في الصف الأمامي تتألق برأسه وهو يتحدث. ذهبت إليها بعد الاجتماع وسألتها عما تود أن تقوله حول الموضوع. لقد وصفت العملية كما أوجزتها أعلاه .

الموت

اعتدت أن أؤمن أنه كان علينا المرض قبل أن تترك روحنا جسدنا. أدرك الآن أن الأمر ليس كذلك. عندما ينتهي وقتنا على الأرض ، عندما ننتهي من تعلم الدروس التي تعلمناها في هذه الحياة ، نموت. هذا صحيح سواء عاش المرء لحظات أو سنوات عديدة.

عندما كنت في الكلية درست فنون القتال جي جيتسو وحصلت على الحزام الأسود. لقد حدث أن رئيس النظام ، دان العاشر (الحزام الأسود) عاش هناك أيضًا. كنت محظوظاً للدراسة تحت قيادته لعدة سنوات. قام بتدريس فنون الشفاء جنبًا إلى جنب مع الرميات والحجوزات التي تعلمناها. كانت فلسفته أنه مهما كان الضرر الذي استطعنا القيام به لشخص ما ، فيمكننا أيضًا الشفاء .

في أحد الصيف ، بدأ في قضاء وقت خاص بمفرده مع كل طالب منا تربطه به علاقة خاصة. اعتدت أن أذهب معه في المساء بعد عمله أثناء زيارته للأشخاص الذين طلبوا منه المجيء والشفاء منهم. وقال انه لم تهمة لهذا الغرض. في أحد الأيام قدم لي كتاب «الكلمات الثلاث السحرية» والذي يدور حول حقيقة أن حياتنا ستعكس ما نعتقد أنه حقيقي .

في أحد الأيام ، طلب مني أن أنقله إلى مطار أوكلاند لأستقل طائرة إلى نيويورك. كان في طريقه إلى بعض أحداث جو جيتسو التي حضرها العديد من قادة النظام. غادرت طائرته في الصباح الباكر وأراد مني أن أسقطه ، وهذا ما فعلته. بعد أن تركته عند البوابة ، توجهت إلى الحمام. بينما كنت هناك «سمعت» صوته في رأسي قائلًا «سأموت في نيويورك». لقد دهشت ثم سمعت صوته مرة أخرى. لم أكن أعرف ماذا أفعل بهذه المعرفة ، لكنني ببساطة نسيتها وتوجهت إلى المنزل. كان ذلك صباح يوم السبت. في ذلك الأحد تلقيت مكالمة تخبرني أنه توفي في الليلة السابقة بينما كانت المجموعة في الخارج لتناول العشاء وكان قد اختنق على شريحة لحم. من الواضح أنه كان يعلم أن وقته على الأرض قد انتهى .

بعد وفاته ، كان لدي سلسلة من ثلاثة أحلام عنه. لقد جاء لي لراحة لي حيث كنت أفتقده بشدة. لقد لاحظت أنه في حياتي غالبًا عندما يكون الانتقال الكبير على وشك الحدوث ، سيكون لدي سلسلة من ثلاثة أحلام تعدني للذين تم تغييرهم. في الحلم الأخير ، أخبرني أنه بحاجة إلى المضي قدمًا وأنه إذا كنت بحاجة إليه حقًا ، فسوف يأتي لمساعدتي. لم أكن بحاجة إليه مرة أخرى ولم أحلم به أبدًا .

كانت لدي تجربة مماثلة مع زوجي ، غاري. في إحدى الأمسيات الصيفية ، أخذت مشي ثم توقفت في النهاية لأجلس على الدرجات الأمامية وأستريح للحظة قبل الذهاب إلى الداخل. بينما جلست هناك ، قلت لنفسي إنه لا يمكنني قضاء بقية حياتي مع هذا الرجل لأنه كان صعبًا للغاية. كان لديه الكثير من الغضب وكان يتم توجيهه بشكل متزايد إلي. ومما أدهشني أنني سمعت صوتًا في رأسي يقول «سيموت». لقد دهشت ثم سمعت ذلك مجددًا وهو يقول الشيء نفسه تمامًا. لقد فوجئت لدرجة أنني دخلت المنزل ونسيت ذلك. في أكتوبر من ذلك العام تم تشخيص مرض الإيدز. ظننت أنه مصاب بالأنفلونزا ، وبعد خمسة أيام أخذته إلى الطبيب الذي أريق الدم وأعلن أنه مصاب بالإيدز. كنا مذهولين جدا. لم أحصل مطلقًا على هذا المرض على الرغم من أننا مارسنا الجنس بدون وقاية لسنوات عديدة. من الواضح أنه لم يكن وقتي للموت. توفي بعد ثلاث سنوات وثلاثة أشهر .

في وقت ما قرأت في وقت لاحق عن كتاب لكارولين مايس حيث وصفت كيف أن الرجل الذي عملت معه قد شفى من الإيدز وهو يواجه المشكلات في حياته. لقد فتنني هذا وبدأت في حضور ورش العمل الوطنية من قِبلها والدكتور نورم شيلي. فعلت هذا لعدة سنوات وانتهى بي الأمر بالحصول على شهادة الدكتوراه حول هذا الموضوع .

عندما كان عمري ١٦ عامًا ، كنت أقف في ردهة منزل عائلتنا بينما كانت أمي تجهز بعض الأقمشة على يوتار لأداء رقص حديث في مدرستي الثانوية. كان الجو حاراً وقد أغمي عليه وأصاب رأسي على صخرة. ما جربته هو ما يطفو خارج جسدي ، على ظهري مع قدمي للأمام ، في منطقة مظلمة تمامًا. بدأت تدريجيا في المضي قدما نحو بقعة من الضوء الأبيض إلى الأمام. عندما تحركت نحو النور شعرت بحب غير مشروط لم أشعر به من قبل. كان رائعا وفكرت «هذا هو المنزل وأريد أن أذهب إلى هناك.» ثم سمعت أمي وأختي التي تنادي باسمي وفكرت «يا رتق ، يجب أن أذهب لأرى ما يريدون». ثم استيقظت على غرفة المعيشة الأريكة محاطة أمي ، أختي ، وطبيب الأسرة الذي قال أنني قد أغمي عليه وأنا بخير الآن. لم أخبر أي شخص أبدًا بما خبرته لأنني أدركت أنه ليس شيئًا تحدث عنه أي شخص. بعد سنوات كنت أعمل في شركة «تاور تاورز» في تشيكو ، حيث أذهب إلى الكلية. عملت في قسم الكتاب ، وواجهت كتاب «تجارب الموت القريب» للمخرج ريموند مودي. عندما قرأت ذلك أدركت أن هذا بالضبط ما خبرته. منذ ذلك الحين لم أكن خائفًا من الموت .

مرض تقدمي

إدمان الكحول هو مرض تقدمي. ماذا يعني هذا؟ سمعت تفسيرا جيدا في اجتماع في اليوم الآخر. تخيل أن الحياة كخط أفقي. أنت تتحرك على طول ذلك وأنت تعيش حياتك. ثم تبدأ في شرب الكحول. هذا الخط يبدأ في الانحدار إلى أسفل. تستمر في الشرب حتى تواجه بعض العواقب السلبية ثم تتوقف عن الشرب وتعود إلى خط الحياة الأفقي. حتى عندما تتوقف عن تعاطي الكحول ، يستمر خط الكحول في الانخفاض للأسفل ، لذلك ، إذا عدت إلى الشرب مرة أخرى ، فسوف تعود عند نقطة أسوأ من توقفك. وهذا يعني أن العواقب السلبية ستحدث في وقت أقرب من السابق. إدمان الكحول قاتل إذا ترك دون علاج. هذا يعني أنك ستموت إذا لم تتوقف عن الشرب (إذا كنت مدمنا على الكحول). أسمع قصصًا في اجتماعات شخص ما (لا أعرف حتى الآن) من كان في الاجتماعات ولكنه خرج ومات. هذا محزن جدا .

خوف

واحدة من الأشياء التي يجب أن ننظر إليها في أنفسنا ونحن نمضي في الخطوات الاثني عشر هي مخاوفنا. لقد قمت مؤخرًا بتوضيح ذلك إلى الكفيلة وأعطيتها مثالًا كتبته عندما كنت أعمل على هذه الخطوة. ذكرت أنه كان لدي خوف من أن حياتي لن يكون لها أي معنى وأن أمامي سنوات عديدة قبل أن أعيش على هذه الأرض. لقد تسبب لي ذلك في البحث عن معنى من خلال العمل التطوعي الذي لم يسبق له مثيل لدينا لسبب أو لآخر. قلت ، ومع ذلك ، لم أعد أشعر بالخوف لأنني سلمت إرادتي وحياتي إلى قوتي العليا وثقتًا في أنني سأسترشد بكيفية قد أكون في الخدمة.

عدت إلى المنزل ونسيت تلك المحادثة عندما رن جرس الهاتف. كان من شخص ما لم أكن أعرفه في شركة نشر مهتمة بترويج كتابي الأول ، والذي كان ذو طبيعة تقنية إلى حد ما يتعلق بحياتي المهنية في التعليم العالي. قلت إنني لا أريد الترويج لذلك ، لكنني سأهتم بالترويج للذي كنت أعمل عليه الآن والذي كان بطبيعته ميتافيزيقيًا. طلبت منه الاتصال بي مرة أخرى في غضون ثلاثة أشهر للتحقق من التقدم الذي أحرزته. وقال انهم سوف نكون سعداء لنشرها. أنا على الرغم من كم هو مدهش! لقد تخليت عن أي شيء يحدث وتولت قوتي العليا وجلبت هذا الشخص إلى حياتي. أعتقد أنه من المفترض أن يحدث هذا وهذا ما يسرني أن أظن أنه يمكنني خدمة الآخرين .

إيقاع أسبوعي

أستيقظ كل صباح ، ما عدا السبت ، في الساعة ٩:٠٠ صباحًا وأذهب إلى نصف ساعة إلى حديقة جميلة. ثم أمشي لمدة خمسة أميال حول البحيرة ، والتي تستغرق حوالي ساعتين. ثم أقود السيارة وأغتسل وأغير وإريك وأخرج لتناول الإفطار. إريك يأتي معي على مناحي ما عدا عندما يكون مريضاً ، وهو ما كان عليه منذ الشهر الماضي ، مع المداخن والفيروس. يوم الاثنين ، ثم أذهب لأرى فرانسيس ، معالجتي ، الساعة ٢:٠٠. ثم عادةً ما أحضر سيارتي في وكالة مرسيدس وهي في طريقها إلى المنزل
هذا يعطيني استراحة لبضع ساعات لمشاهدة اخبار PBS
وفعل كل ما يلزم القيام به. ثم أذهب إلى اجتماع AA
المسائي الذي يبدأ في الساعة ٧:٠٠. أرغب في الوصول إلى هناك قبل ٢٠ دقيقة تقريبًا لتذكير نفسي لماذا أنا هناك والتواصل مع أصدقائي في البرنامج. ليلة الاثنين هي اجتماع للوافدين الجدد وهو ممتع لأنه في الوقت الذي يشارك فيه المتحدث قصته ، فإننا نمرر قائمة للأشخاص لكتابة أسئلتهم. إنه يؤدي إلى مناقشة حية. الثلاثاء هو نفس الجدول لكني أرى بلدي الكفيلة بدلا من فرانسيس. ليلة الثلاثاء هي دراسة كتاب مثيرة للاهتمام ونحن نقرأ ونناقش أول ٦٤٤ صفحة من الكتاب الكبير. الأربعاء مفتوح في فترة ما بعد الظهر ، لذلك نذهب أحيانًا إلى السينما لمشاهدة فيلم. اجتماع ليلة الأربعاء له نكهته الخاصة وأحب أن أحضره. الخميس هو يومنا الممتع. بعد الغداء ، نسير على الطريق السريع الذي يستغرق حوالي ثلاث ساعات. أنا أستمتع بالقيادة والاستماع إلى الموسيقى. إنها أيضًا فرصة للتخلص من الأشياء والتفكير فيها. ثم نذهب لتناول العشاء ونعود إلى المنزل في الوقت المناسب للذهاب إلى السرير. الجمعة نخرج إلى الساحل لتناول العشاء قبل الاجتماع. هناك صديقة من اجتماع ليلة الثلاثاء تعمل هناك ومن الممتع رؤيتها. صباح يوم السبت ، التقيت بكفيلتي وحضر اجتماعًا من الساعة ١١:٠٠ صباحًا وحتى ١٢:٣٠ ظهرًا. بعد قليل من الطعام ، نسير لرؤية أمي إريك. تحتاج إلى رعاية منزلية ولدينا شخص رائع خلال الأسبوع ، ولكن أنا وإريك أقوم بذلك يومي السبت والأحد الآن. نزورها لفترة من الوقت ، ونذهب إلى مطعم محلي لتناول العشاء ، ثم نقدم لها وجبة ساخنة ونعود إلى المنزل. الأحد بعد المشي والغداء ، نهض من جديد ونفعل الشيء نفسه ، إلا قبل مغادرتنا أن نذهب للتسوق في سيفواي بحيث يكون
لديها الكثير من الطعام الجيد لتناول الطعام خلال
الأسبوع. لذلك هذا هو إيقاع الأسبوع الذي أجده ممتعًا ويفيًا في نفس الوقت .

انعمها الرب وغيرها

علمني الكفيل أنه عندما أواجه مشكلة مع شخص ما ، أي عندما يزعجني سلوكهم ، أن يباركهم ويصلي لكي يتغير. لم يكن هذا منطقيًا إلى حد كبير حتى قمت بتطبيقه على مقدم الرعاية لأمي الذي كان يدفعني إلى الجنون. حاولت مرات عديدة لجعلها تفهم ما أردنا أن تفعله لرعاية حماتي. إنها تعتني بها من الاثنين إلى الجمعة ونعتني بها يومي السبت والأحد. نظرًا لأننا نادراً ما رأينا بعضنا البعض ، ووجودنا في أوقات مختلفة ، فقد حاولت إعداد قائمة بما أردنا أن نفعله ، وإنشاء قوائم ، وترك كتاب طهي للرجوع إليه ، باستخدام الطعام الذي كنا سنشتريه ليالي الأحد. طلبنا منها أن تبدأ بسجل عن الطعام الذي تم إعداده وماذا أكل زوجتي حتى نتمكن من معرفة أنها كانت تتلقى وجبات مغذية. استمر هذا لعدة أسابيع وبدا لي أن مقدم الرعاية لم يكن يدرك حقًا ما نحتاجه. لذلك توجهنا في يوم جمعة بشكل غير متوقع لإجراء محادثة وجهاً لوجه ، أوضحنا أن احتياجات حماتي كانت تتغير حيث كان مرضى الزهايمر يتغيرون وأننا بحاجة إلى أن نكون واضحين بشأن ما كانت تفعله لرعاية الأشياء كنا نتوقع. حسنًا ، لقد اتفقنا وشعرت بالأمل. شيء واحد قاله مقدم الرعاية هو أنها كانت هناك خمس ساعات ونصف الساعة يوميًا من الاثنين إلى الجمعة ، وإذا لم تستطع ، لسبب ما ، عدم القيام بذلك ، فسوف تتصل بنا لإعلامنا حتى نتمكن من الصعود. حسنًا يوم الاثنين التالي اتصلنا لمعرفة ما إذا كانت قد وصلت في الساعة 1:00 بعد الظهر ، كما هو متفق عليه ، ولم تصل مقدم الرعاية. لذلك اتصلنا بالساعات القليلة التالية وأدركنا أنها لم تكن قادمة ، لذلك أخبرنا أم إريك أن تأخذ مدسها وتصلح بعض الطعام لتناولها. ثم توجهنا يوم الثلاثاء للتحدث مع مقدم الرعاية. عندما وصلنا ، كان مقدم الرعاية قد وضع للتو في وعاء التحميص بالجزر والبطاطس والبصل ، حيث كنت قد أعدته للالتصاق بالفرن. ناقشنا حقيقة أنها لم تكن هنا يوم الاثنين وتحول الحديث ساخنًا لأنها حاولت إنكار هذه الحقيقة. عندما أدركت أن مقدم الرعاية وضع في سجل الطعام أن أمي إريك قد أكلت نصف مشوي الوعاء الذي كان يتم طهيه فقط ، قلت إن ذلك كان كذبة. قالت صاحبة الرعاية إنها حصلت في حيرة من أمرها في الكتابة واستمر الحديث. لجعل قصة قصيرة طويلة ، انتهينا من الاضطرار إلى الصعود أربعة أيام في أسبوع واحد. كان إريك وأنا في نهاية ذكائنا. كل هذا الوقت كنت قد صليت عليها وأدعو لي أن أتغير. عندما كنا في طريقنا إلى المنزل من الرحلة الثالثة في ذلك الأسبوع ، أدركت أنني منزعج ولم يكن مقدم الرعاية كذلك. أدركت أخيرًا أنني لا أستطيع الاستمرار في التعايش مع هذا الموقف. لذلك ذهبت إلى وكالة المقاطعة المسؤولة عن خدمات الدعم المنزلي وطلبت قائمة مقدمي الرعاية المتاحين. قابلت ، بضعة أشخاص على الهاتف في اليوم التالي ورتبت للقاء أحدهم ، الذي بدا واعداً يوم الأحد القادم. قابلناها ووقعناها .

ثم اضطررنا إلى القيادة يوم الاثنين لإعلام مقدم الرعاية القديم بأن خدماتها لم تعد مطلوبة. الذي فعلناه. لقد شعرت بالضيق لكن عقولنا كانت مكشوفة. آمل أن تكون قد تعلمت شيئًا من الحلقة بأكملها كما فعلت بالتأكيد. لذلك ، تمكنت أخيرًا من ترك الأمر وترك الله يعمل على حل موقف كنت قد حاولت بحماس وغير فعال تغييره .

والآن ، عندما أكون غاضبًا من شخص ما في حياتي ، أدرك سريعًا أنني بحاجة إلى الدعاء له وأطلب من الله أن يغيرني. أوصي بشدة بهذا للجميع .

الأمل والفرح

لقد قضيت الكثير من الوقت في مواجهة الصعوبات في الحياة وأدركت أن حياتي مليئة بالأمل والفرح بعد مضي سبعة أشهر من الاعتدال. حيث اعتدت أن أكون مكتئبًا لدرجة أنني كنت أريد أن أقتل نفسي ، أعرف أنني أشعر بالأمل كل صباح كما أقول صلواتي في الخطوة الثالثة والخطوة السابعة وأترك إرادتي وحياتي لله. آمل أن أكون قادرًا على أن أكون نعمة لأولئك في حياتي في ذلك اليوم وأن أتأمل أن أطلب أن أسمع صوت قوتي العليا في ذلك اليوم. كل يوم في قضاء في وعي قوتي العليا. في بعض الأحيان أشعر بالضيق بسبب الأحداث غير المتوقعة ، لكنني أدرك بسرعة أنني غير متوازن وأطبق أداة من البرنامج لتجديد نشاطي .

أنا أيضا تجربة الفرح في لحظات غير متوقعة. أحب قيادة سيارتي الجديدة على طول الساحل على طول الطريق السريع للاستماع إلى الموسيقى والاسترخاء. أشعر بالسعادة عندما أجلس على الطاولة مع إريك يتناول وجبة ويتعجب من إيجاد أشياء جديدة نتحدث عنها ونشاركها كل يوم. نضحك كثيرا معا. الحياة سهلة وكاملة.

لذلك أريد أن أكون واضحا أن الرصانة ليست جادة فقط. في الواقع ، أضحك كثيرًا في اجتماعات AA.
الجميع هناك عن طريق الاختيار لمعرفة كيفية الحياة حياة رصينة ومساعدة الآخرين على طول الطريق. من المذهل لي أن نلتقي لمشاركة رغبتنا المشتركة في أن نعيش حياة محورها الله وأن نكون منفتحين وحقيقيين مع بعضنا البعض. هنا لا مجال للتظاهر . الجميع يتوقع الصدق المطلق وهذا ما نحصل عليه. بالطبع ليس الجميع في AA ولدينا في كثير من الأحيان القادمين
الجدد وهو أمر رائع لأنني أستطيع أن أتذكر أول يوم لي في المشي ، والشعور ، بالخجل وعدم اليقين ، وأريد أن تمتد إلى الوافد الجديد كان الترحيب واحتضان الحار الذي تلقيته .

ان تكون فى الخدمة

هناك العديد من الطرق للخدمة في AA، ويقترح أن يتعهد المرء بمجرد توفره. لا يشتمل العديد من المناصب على أي شرط من الرصانة بحيث يمكن للمرء التواصل مع أحد الاجتماعات ، ويساعد الالتزام الجديد الوافد الجديد على التعرف على الأشخاص والناس في المجموعة للتعرف عليهم. كان التزامي الأول هو تناول القهوة التي تطلب مني أن أبدأ نصف ساعة مبكرة لأضع القهوة. لقد كان ممتعا. لقد اضطررت أيضًا إلى شراء لوازم القهوة ، واستردادها بالطبع. التزام آخر أخذت في وقت مبكر من رصيدي كان الأدب. هناك الكثير من الأدب في المكان الذي نلتقي فيه. يتم دفع ثمنها من خلال تبرعات الأشخاص الذين يذهبون إلى هذا الاجتماع. إنه مصدر لا يقدر بثمن للمعلومات للقادمين الجدد الذين يتناولون مثل هذه الموضوعات «ما هو مدمني الخمر دون الكشف» و «هل أنت مدمن على الكحول» الذي يحتوي على العديد من الأسئلة للإجابة على نفسك لمعرفة ما إذا كنت مدمنًا على الكحول بالفعل. الشرط الوحيد لمدمني الخمر هو الرغبة في التوقف عن الشرب. جميعهم مرحب بهم (لفتح الاجتماعات) والأمر متروك لكل شخص لاتخاذ قرار لأنفسهم إذا كانوا مدمنين على الكحول. يستغرق بعض الناس عدة اجتماعات ليدركوا أنهم في المكان المناسب لهم. بالنسبة لي ، كنت أعرف ذلك على الفور لأنه استغرق مني وقتًا طويلاً للوصول إلى هناك .

يمكن للمرء أن يكون في الخدمة على مستوى الاجتماع وكذلك على مستوى أوسع إذا رغبت في ذلك. هذا يعني أنه يمكنك الذهاب إلى المستشفيات والمؤسسات لتقديم AA إلى الأشخاص الذين لا يستطيعون الوصول إلى اجتماع. هناك أيضًا العديد من أنواع اللجان المفتوحة للعمل التطوعي. تحتاج إلى التحقق مع السكرتير في الاجتماع الذي تحضره .

أفكار انتحارية

ليس من غير المألوف بالنسبة لشخص يشارك قصته في اجتماع له أن يذكر أنه قبل AA، كان لديهم أفكار انتحارية .
هذا جزئيًا لأن الكحول هو مثبط ، لذلك يخلق مزاجًا مظلمًا ومكتئبًا لدى الشخص الذي يتناوله بانتظام. والسبب الآخر هو أنه بحلول الوقت الذي ينتهي فيه الشخص بالحصول على درجة AA، تكون مفلسة روحيا
ما يعنيه هذا هو أنهم حاولوا استخدام الكحول كوسيلة لحل المشكلات في حياتهم ، وهذا لا ينجح بشكل عام ويحدث مزيدًا من الخراب كلما طال المرء به كإجابة. عادةً ما يعرف المدمنون على
الكحول ، لكن في الأوقات التي يصلون فيها إلى AA،
لديهم مشكلة وقد يشتبهون في أنهم مدمنون على الكحول. ينظر إلى الرغبة في تناول الكحول في مواجهة عواقب سلبية متزايدة وعدم القدرة على التوقف كمثال على نوع من التفكير المجنون الذي هو نموذجي لمدمني .

الليلة الماضية شارك رجل قصته عن كيف انتهى به المطاف في.
AA قال إنه بعد تعرضه للانتكاسة بعد أن كان رصينًا لمدة عام ، أدرك أن أمامه خياران: العودة إلى AA أو قتل نفسه.
وقال إن ذلك لم يكن خيارًا سهلاً. لحسن الحظ بالنسبة له ، ولنا ، عاد إلى AA وكان لديه تسع سنوات من الرصانة. لكن الكثير من الناس لا يعودون .

شاركت امرأة أخرى قصتها. كانت تشرب الخمر كل يوم وكلما مرّت بالعمل ، مرّت" فوق جسر . وجدت نفسها تفكر "هل اليوم هو اليوم الذي أقود فيه الجسر؟

من الصعب وصف أعماق اليأس والبغض الذاتي التي يمكن أن تكون موجودة في الكحولية قبل أن يتعافوا. إنه أمر محير ومثير للقلق في نفس الوقت. لأنه مرض يتفاقم ويؤدي إلى الوفاة ، إن لم يتم علاجه ، تزداد الأمور سوءًا بالنسبة للفرد الذي تخطى هذا الخط المتمثل في القدرة على التحكم في الشرب. بالنسبة لي ، أود أن أبدأ بالقول إنني سأحصل على مشروبين فقط لتناول العشاء ، وفي غضون بضعة أشهر سينتهي الأمر بأزمة ورحلة أخرى إلى غرفة الطوارئ. ما زلت لم أفهم ما كان يحدث لي. الحمد لله وأنا أعلم الآن. بالنسبة لبعض الناس ، يمرون عبر هذا الخط مع أول مشروب في مرحلة الطفولة أو البلوغ المبكر. بالنسبة لي ، شربت لمدة ٤٠ عامًا قبل أن أصل إلى AA. لكنني عبرت هذا الخط قبل أن أصل إلى
AA أنا فقط لم أدرك ذلك.

أحد الأسباب وراء كتابتي لهذا الكتاب هو الأمل في أن يقرأه شخص ما ويدرك بعض أوجه التشابه في حياته والحصول على المساعدة. هذا هو السبب في أنني أكون صادقا وكشفًا عن نفسي. الصدق هو جزء مما هو مطلوب أيضًا للتعافي من إدمان الكحول. هذا والرغبة في القيام بـ «كل ما يتطلبه الأمر» للتعافي. ما سوف يستلزم المزيد من المناقشة مع تقدمنا .

أنت لا تفعل ذلك بمفردك

AA عبارة عن برنامج «نحن» ، وليس برنامج «أنا». أنت لا تفعل ذلك وحدك. اقرأ كتاب Big Book ونفذ الخطوات مع أحد الرعاة (رغم أنك تستطيع بالطبع القراءة بنفسك). والاجتماعات مع أشخاص آخرين يرغبون في مساعدتك على تعلم تعلم حب نفسك وفهم برنامج الاسترداد. تنتهي معظم الاجتماعات مع الجميع في دائرة يمسكون بالقول بأننا لا نفعل ذلك بمفردنا ولدعم المدمن على الكحول الذي ما زال يعاني .
ثم يقال عادة صلاة الرب .

ولكن ، لكي نكون واضحين ، فهذا ليس برنامجًا «مسيحيًا» ، فهو متاح لأي شخص بغض النظر عن المذهب أو الدين الذي قد تنسبه إليه أو حتى إذا كنت ملحدًا أو غير ملحد. إنه برنامج روحي مع الاعتماد على قوة أكبر من نفسك. بالنسبة لبعض الأشخاص ، تكون هذه المجموعة من مدمني الكحول الآخرين الموجودين في الاجتماع. كل شخص يأتي إلى فهم الشخص لسلطة أكبر من أنفسهم بطريقتهم الخاصة. ما هو غير قابل للتفاوض هو أنه ليس أنت. لا يمكننا التوقف عن إدمان الكحول بمفردنا. هذا واضح لأي شخص عانى من هذا المرض .

ان تكون أمين

الأمين هو الشخص الذي يدير اجتماعات. AA
يتم انتخابهم من قبل المجموعة لمدة ستة أشهر وتحتاج إلى ستة أشهر من الرصانة لتكون مؤهلا. لدي الآن سبعة أشهر الرصانة. عادة ما يتحول الأمين بين كونه امرأة ورجلًا. في اجتماع ليلة الاثنين القادم ، أعلن الوزير الحالي لتوه أن فترة ولايته ستنتهي في نهاية هذا الشهر. سأل رون ، أحد أعضاء AA،
عما إذا كنت على استعداد لأن أكون السكرتير التالي. قلت سأفعل. وسيرشحني في جلسة يوم الاثنين المقبل ، وبعد ذلك سيكون دوري هو الأمين. سأحتفظ بمذكرات هنا حول ما هو عليه الحال بالنسبة لي .

الليلة الماضية تم التصويت لي كأمين جديد في جلسة ليلة الاثنين. أشعر أنني مباركة وسعيدة لأن أكون في الخدمة بهذه الطريقة. يبدو وكأنه تصويت بالثقة من قبل الأعضاء الآخرين أنني على المسار الصحيح في البرنامج. لقد أمضيت فترة بعد الظهر في الاتصال بالنساء من قوائم الهاتف التي حصلت عليها في الاجتماعات التي أقيمت لها لكي يأتوا بمشاركة قصتهم في اجتماع ليلة الاثنين. سنرى كيف يتكشف كل هذا وفقًا لإرادة الله .

إنه يوم الأربعاء وقد اتصلت بالمرأة لمعرفة ما إذا كانت متوفرة ورغبة في مشاركة قصتها في أحد اجتماعاتنا مساء الاثنين. انها متعة حقا. أنا ذاهب من قائمة الهاتف التي حصلت عليها من هذا الاجتماع. العديد من النساء المدرجات في القائمة لا أعرف إن كنت قد قابلتهم أم لا ، هذا هو إخفاء الهوية من .AA
ما أدهشني هو ، بالنسبة لأولئك المستعدين ، مدى سعادتهم ورغبتهم.
إنها تجربة راقية .

إنه مرضي يتكلم

كثيراً ما أسمع في الاجتماعات أشخاصاً يتشاركون «يتحدث مرضي ،» لقد فهمت ما يعنيه. يبدو أن هناك جزءًا من ذهني يتذكر الشرب باعتباره «مخرجًا» للاضطرابات العاطفية وهو يجلس على كتفي دائمًا في انتظار فرصة للتحدث معي وتولي زمام الأمور ، رغم أن هذا ليس صحيحًا بالنسبة لي الآن .

بالأمس كان مثالا مثاليا. كان يوم السبت نموذجي وكان على ما يرام. التقيت بكفيلتي ، وتحدثت عن إجراء تعديلات أعمل عليها ، وبقيت لحضور الاجتماع ، ثم عدت إلى المنزل. شعرت بالقلق إزاء التعديلات التي أعمل عليها. من الصعب أن أركز على ما أريد أن أقوله ، وأنني آسف للأوقات التي قد يصيبها فيها مرضي. بدلاً من ذلك أجد نفسي أشعر بالخجل أو الخوف من بعض الأشياء السلبية التي قد يقولها لي الشخص. حسنًا، التقطت إريك وتوجهنا شمالًا للتحقق من أمه. لقد استمعت قليلا الاستماع إلى الموسيقى في السيارة. ولكن عندما وصلنا إلى هناك ، كان هناك إشعار بأن شيك الإيجار قد ارتد والذي كان مفاجأة تامة. دفع إريك إلى الانزعاج من ذلك وحقيقة أن هاتفه الخلوي البديل ، من الهاتف الذي وضعه في غير محله ، لم يكن لديه البنك على ذلك ، فلم يتمكن من التحقق من رصيدها ، وهناك ، كنا خارج المركز مرة أخرى. . لقد حاولنا حل المشكلة ولكن يبدو أن المحادثة عادت إلى الغضب الذي كنت أعلم أنه لم يكن استجابة مفيدة. لذا ، بينما كنا في العشاء ، قلت إنني فقط بحاجة إلى أن أكون هادئًا لفترة قصيرة وأن أجد مركزي مرة أخرى. كانت المشكلة أنني لم أجدها. بدلاً من ذلك ، كنت أشاهد الناس من حولي في المطعم وأشرع في شرب المشروبات وأبدو مرتاحًا وفكرت «جيدًا إذا كان بإمكاني تناول مشروب فقط سأكون على ما يرام» بالطبع أعرف أن هذه كانت فكرة حمقاء .

إذن فكرت في ذهني في الآونة الأخيرة عندما بدأت أفكر في ذلك ، اسمح لي أن أتناول كأسين من النبيذ في العشاء ، وبعد بضعة أشهر سينتهي بي الأمر في ER بسبب إدمان الكحول. إنها عملية مرهقة حيث أشرب مشروبًا ، أشعر بأنني أشتهي مرة أخرى ، وابدأ التخطيط عندما أستطيع تناول المشروب التالي. يؤدي ذلك إلى هاجس الذهن حيث أبدأ بالتخطيط عندما أتمكن من شراء النبيذ ، حيث يمكنني إبقائه بعيدًا عن الأنظار ، وكيف يمكنني التسلل من المشروبات ، والجنون الذي يؤدي إلى ذلك. لحسن الحظ أتذكر أنه بالنسبة لي الآن ، تناول مشروب ليس مجرد مشروب. إنه يفسح المجال لإدمان الجنون. إنه مرضي يتحدث معي.

حسنًا ، انتهى بي الأمر إلى صراع من أجل الاستماع إلى هذين الجانبين من ذهني. لقد نجحت في عدم تناول مشروب ، وهي الخطوة رقم واحد. وجدت نفسي أفكر «هل أؤمن حقًا بأشياء الله هذه؟ هل أنا مجرد خداع نفسي؟ «لم يساعد ذلك. لذلك أقول بعض الصلوات ، وطلب المساعدة ، وهذا ساعدني لبضع دقائق. حاولت وضع قائمة بالامتنان في ذهني وأدركت كم يجب أن أكون ممتنًا لهذا اليوم. ولكن هذا راحة البال الطبيعية التي ذهبت إليها ولم أعود إليها. وأخيراً قررت أن أذهب إلى المنزل وأذهب إلى الفراش ، وهذا ما فعلته. زحفت بامتنان على السرير وذهبت للنوم .

استيقظت اليوم والهدوء مرة أخرى كنت قادرا على النوم وأدخل برفق اليوم قلت صلاتي الخطوة الثالثة والصلاة الخطوة السابعة وتحدثت و «استمعت» إلى الله لفترة في ذهني. أدركت أنه كان وقتًا مثاليًا لكتابة فصل آخر في كتابي حول هذا الموضوع .

لهذا اليوم ، لقد دخلت مرة أخرى ، في هذه اللحظة بأي حال من الأحوال. حان الوقت للتوجه إلى الشمال مرة أخرى للتعامل مع الأعمال غير المكتملة للشيك المرتد وأي شيء آخر قد يجلبه اليوم. لكنني أعرف ذلك في قلبي وعقلي أنني لا أفعل ذلك بمفرده مما يجعلني أبكي من دموع الامتنان وأنا أكتب هذا. أنا ممتن جدا لبلدي الرصانة .

التشابه لا الاختلافات

يقال في كثير من الأحيان أنه يجب علينا البحث عن أوجه التشابه وليس الاختلافات بيننا حيث نسمع الناس يشاركون قصصهم. وذلك لأن لدينا كل رحلة فريدة من نوعها نسافر للوصول إلى غرف .AA
الإدمان على الكحول لا يميز على التركيبة السكانية مثل العرق أو العرق أو الحالة الاجتماعية الاقتصادية أو الميول الجنسية أو العمر أو الجنس. إنه مرض يمكن أن يضرب أي شخص .

مجموعة متنوعة من القصص التي سمعت في AA مذهلة.
إن الاستماع إلى قصة حياة الآخرين والرحلة إلى الشفاء يمكن أن يكون أمرًا متواضعًا. أدرك كيف تتم مقارنة تجارب حياتي المحمية والمحدودة بالآخرين. ربما لأننا نعيش في مدينة قريبة من سجن الولاية ، أسمع قصصًا عن أشخاص كانوا في السجن والسجن. غالبًا ما تكون قصة هؤلاء الأشخاص من منزل عرف الإدمان بجميع أنواعه. أسمع رجالًا ونساءًا ، منذ سن مبكرة مثل 11 عامًا ، يصفون كيف استخدموا المخدرات لتغيير واقعهم. ليس من غير المعتاد أن يقعوا في مشكلة مع القانون وينتهي بهم المطاف في الشفاء بحلول سن العشرين. ومن الشائع أيضًا أن نسمع عن العديد من المحاولات للحصول على الرصين والخروج من مراكز العلاج والخروج منها قبل أن يتعافى أخيرًا ". أسمع هذه القصص وأنا مندهش من مثابرة ذلك الشخص ، وقدرتهم على الاستمرار رغم كل المصاعب التي جلبتها لهم الحياة. كما تحدثت في مكان آخر ، فليس من غير المألوف أن يكون شخص ما عند مفترق طرق بين الانتحار والشفاء ، بحيث يائسة يمكن أن يكون اليأس وعزل إدمان الكحول. يبدو أن هذا عنصر ضروري للاستعداد للصرخ بكل أمانة لمساعدة الله لإيجاد طريقة أخرى للحياة. كثيرا ما أسمع الناس يقولون أنهم شعروا دائما بعدم الراحة في بشرتهم. وذكر الاحراج الاجتماعي أيضا والرغبة في "تناسب"

في البداية كنت في مهب هذه القصص. شعرت بعدم وجود مكان في ملابس عملي الاحترافية. بعد فترة من الوقت قررت البدء في ارتداء الجينز الأزرق واشتريت سترة جلدية سوداء لمعرفة ما إذا كان ذلك ساعدني على الشعور بأنني جزء من المجموعة ، وقد فعلت ذلك. بالطبع ليست كل المجموعات متنوعة للغاية. لكنني ممتن لتنوع المجموعات التي أحضرها. إنه منعش للغاية بحيث لا يتم الحكم علي من خلال موقفي أو نظراتي أو خزانة ملابسي. الناس في AA
الخام في صدقهم. نحن كلنا هناك لأن جميع الذرائع جُرِّبت منا وبقينا عرينًا من يأسنا لإيجاد طريقة أخرى للاقتراب من الحياة. ربما لهذا السبب أستمر في التعلم من كل اجتماع أحضره. الكلمات التي يقول الناس قد تكون هي نفسها ، لكن الشخص الذي يقول لهم يصف فهمًا جديدًا لمفهوم ينقذ حياتهم. كلنا فقط "أصبحنا". هذا أمر منعش ومتواضع في نفس الوقت .

جئت أيضاً لأرى دور الشرطة والنظام القضائي بطريقة جديدة. أرى كيف أن هؤلاء الأفراد كانوا منقذو الحياة للأشخاص الذين يعانون من متاعب وساعدوا في دفعهم إلى طريق حياة جديد. حتى أنني سمعت رجالًا يقولون إن أملهم في الخروج من الحياة كان في مواجهة مع الشرطة وإطلاق النار عليهم. رائع. يا له من وضع فظيع لجميع المشاركين. بالطبع الأشخاص في الاجتماعات هم المحظوظون ... لقد وجدوا طريقهم إلى حل لإدمانهم. إذا كانوا على استعداد لقبول ذلك ، بطبيعة الحال ، يعتمد عليهم. أرى الناس يأتون ويذهبون. أتساءل عن الشابات اللواتي جلسن بجواري لفترة من الوقت ومن ثم لا يعودن ذات يوم. هل هم حسنًا؟ هل اضطروا إلى الخروج «لبذل المزيد من التجارب» كما يشار إليها. سمعت أنه قال أننا محظوظون وأنا أتفق مع هذا. نحن «ممتنون» لاستعادة مدمني الكحول

هل ذكرت الضحك في الاجتماعات؟ من المدهش أن أجد نفسي أضحك بينما يصف شخص ما سخافة أفكارنا وسلوكياتنا بينما كنا نشرب الخمر. نعتقد أننا «نخفيها» عن أحبائنا المقربين منا. بالطبع ، الشخص الوحيد الذي نخدع فيه حقًا هو أنفسنا. ونستمر في تكرار نفس النمط يومًا بعد يوم أحيانًا لسنوات حتى يقطع حدث ما النمط ويحرمنا من الطريق إلى الانتعاش. قد يكون الأمر واضحًا ولكن ربما يستحق الإشارة إلى أن نقطة التحول هذه نادراً ما يتم توقعها أو تحقيقها في الوقت الحالي. غالبًا ما يُنظر إلى إدراكنا لهذا التحويل إلى طريقة جديدة للحياة فقط عند التفكير في رصائنا .

الراعي

الراعي في AA هو شخص من نفس الجنس ، يأخذك من خلال
١٦٤ صفحة من كتاب Big Book ويساعدك على
متابعة الخطوات الاثني عشر. هذه رحلة حميمة للغاية تختلف عن كل شخص.
لقد كنت محظوظًا للغاية لأن يكون لدي راعي رائع ، أيمي .

آمي كانت سكرتيرة أول اجتماع حضرته .AA
كنت مصممًا على البدء في AA
على الفور ، فارتفعت في نهاية الاجتماع وسألتها عما إذا كانت هي راعيي أم لا. انها مقبولة بلطف. بالتأكيد عرفت قوتي العليا ما الذي كانت تفعله عندما جمعتنا. إيمي هي الراعي المثالي لي .

منذ اليوم الأول الذي التقينا فيه ، شعرت بالراحة والثقة في آمي وأخبرتها بأشياء قليلة يعرفها الناس. إنها دائما منتبهة ، ومقبولة ، ومحبة. إنها تقدم اقتراحات في بعض الأحيان ، لكنها في الغالب تستمع إلى ما أقوله. ثم قد تشارك شيئًا من حياتها مماثلاً مما يساعدني على الشعور بالقرب منها وتدرك أننا نسير على الطريق الصحيح. لقد أصبحنا أصدقاء حميمين وأتطلع إلى مناقشاتنا الأسبوعية التي تتجاوز قراءة كتاب كبي وأي موضوع ذي صلة في الوقت الحالي.

رغم أن إيمي أصغر مني ، إلا أنها تتمتع بعمق الخبرة والإنسانية التي أحتاج إليها. إنها شخص مراع جداً ودافئ. إنها أيضًا قوية وتعتمد على نفسها وتطابقني أيضًا. إنها أم مخلصة ، وأنا لست كذلك ، لكنني أشيد وأقدر تفانيها لأبنائها .

في وقت عيد الميلاد العام الماضي ، حضرت إلى الاجتماع مباشرة بعد مشاهدة فيلم عن فقدان أحد أفراد أسرته. لم أتوقف عن التردد في الذهاب ، على الرغم من أنني دخلت ، أدركت أن الدموع كانت تهرب من الشيكات. كنت قد شاهدت الفيلم مباشرة في الذكرى الثالثة لوفاة ليزلي والألم الناجم عن ذلك كان موجودًا في تلك اللحظة. على الرغم من أن النساء الأخريات في الاجتماع كنّ دافئات وداعمات ، عندما وصلت آمي وألقيت نظرة واحدة علي ، ألقت ذراعيها من حولي وسألت إن كنت أرغب في الخروج ، وهو ما فعلته. لقد وقفنا بالخارج حيث تمسك بي لفترة طويلة وشعرت بالدفء والحب الذي كنت في أمس الحاجة إلى الشعور به. عدنا إلى الاجتماع وعلى الرغم من أنني بكيت طوال الطريق ، شعرت بالأمان والحماية من قبل آمي.
كانت رائعة .

لدى إيمي العديد من أوجه التشابه الأخرى فيما يتعلق بتربية الأسرة والقيم. قصصنا مختلفة تمامًا ولكنها متشابهة من حيث عمق اليأس الذي شعرنا به عند دخول غرف AA. لقد كنا محطمين ونريد الحل الذي تقدمه AA.

كما يقولون في كتاب كبير ، كنا «على استعداد للذهاب إلى أي طول» للبقاء الرصين. لقد فتح رغبتنا الفردية أبوابًا كثيرة من البصيرة والتواصل أثناء تنقلنا في أسلوب حياة AA.

في بعض الأحيان يأتي السؤال عما يجب البحث عنه في أحد الرعاة. من تجربتي الشخصية ، استمعت إلى الاستماع إلى قوتك العليا ولا تخاف من السؤال. يمكنك دائمًا اختيار شخص آخر إذا لم يكن هذا الشخص على صواب. لكنني أعتقد أنه من المهم مناقشة التغيير إذا كنت تواجه مشكلة مع الراعي. الاحتمالات هي أن المشكلة تكمن في أن الراعي يعرف ذلك بالفعل.

اصحاب

أحد أجمل الأشياء في الذهاب إلى الاجتماعات بانتظام هو أنني محاط بأصدقاء. يبدو أن لكل اجتماع مجموعة خاصة به من الأشخاص الذين يظهرون بشكل روتيني. إنني أتطلع إلى حضور اجتماع ومعرفة كيف يفعل الجميع. ليس هذا أنا المنتهية ولايته بشكل خاص. أنا انطوائي وهادئ بطبيعته. أحب أن أذهب مبكرا وأنظر مع وصول الناس أستمع إلى المحادثات من حولي وأشعر بالارتياح لوجودي هناك .

في الليلة الأخرى التي ظهرت فيها وكنت أشعر بالتعب بشكل غير عادي. ألقيت نظرة على أحد الرجال في المجموعة وسألني إذا كنت موافقًا أوضحت أنني كنت أذهب بدون توقف منذ الصباح الباكر ، وكنت بحاجة فقط للجلوس بدون توقف لمدة دقيقة. وافق على أن أبدو متعبة. في الأسبوع التالي فحص مرة أخرى لي. كم هو رائع أن يعرف أنه يهتم. وهذا هو مجرد روح الغرفة. نحن جميعا نهتم ببعضنا البعض. سمعت أنه وصف جميل قبل بضعة أيام. يبدو الأمر وكأننا محاطين بأشجار الصنوبر الطويلة والقوية ولا يُسمح لنا بالسقوط بعيدًا عن مركزنا قبل أن يستعيدنا أحدهم من جديد .

من الممتع أيضًا الركض إلى أعضاء AA خارج الاجتماع أثناء الاطلاع على إجراءاتي المعتادة. لا نقول أبدًا من أين نعرف بعضنا البعض ، أو نقول فقط من مجموعة دعم ، لحماية عدم الكشف عن هويت . لم أشعر أبداً بجزء من مجموعة مثلما أشعر به في AA.

مرض الزهايمر

أمس كان صعبا للغاية. بدأ الأمر بنص من مُقدِّم الرعاية لأم إريك يقول إنهم استمتعوا بالذهاب إلى السينما يوم الثلاثاء وكان لديهم أشياء مخطط لها ليوم السبت ، لذلك لم نكن بحاجة إلى الظهور ، إذا كان ذلك صحيحًا. كانت السماء تمطر ، لكننا ذهبنا في مسيرتنا كالمعتاد. أثناء السير ، ناقشنا ما قد يعنيه هذا وكيفية التعامل معه. ظاهريا أنها ليست مشكلة كبيرة. ومع ذلك ، إنه تغيير في جدولنا الزمني ومن تجربتنا ، ستوافق والدته على القيام بشيء ما في الوقت الحالي ، ولكن عندما يحين الوقت ، فهي متعبة وتريد النوم. لديها مرض الزهايمر وماذا يعني هذا بالنسبة لنا لا أعرف أحاول ببساطة أن تأخذ يومًا واحدًا في كل مرة والتعامل معه .

حسنًا ، ذهبنا في مسيرتنا ، لكن الحديقة غمرت المياه ، لذلك وصلنا إلى حوالي ساعة ونصف فقط بدلاً من التمرين المعتاد لمدة ساعتين. قررنا الاتصال بمقدم الرعاية بعد الساعة 1:00 عندما ستكون في والدته. بينما كنا ننتظر ذلك ، حصل إريك على رسالة هاتفية من والدته لحسن الحظ يقول فيها إن لديهم خططًا هذا السبت لذا لا داعي للحضور. لذلك اتصلنا وتحدثنا إلى كل منهما ، وقلنا إننا نعتقد أن هذا تغيير مفاجئ من جدولنا الأسبوعي ولم نحب الفكرة. وبدا بخيبة أمل.

لقد أقلعنا في رحلة يوم الخميس المعتادة إلى الساحل للحصول على علاج لنا ، وكنا مستاء ونحاول معرفة ما كان يحدث لتحفيز هذا التغيير. اتصلنا مرة أخرى للحصول على مزيد من المعلومات واكتشفنا أنه كان عطلة الربيع لذلك كان ابن مقدم الرعاية في المنزل. لقد وضعوا خططًا حول عمل الأشياء معًا في منزل مقدمي الرعاية في عطلة نهاية الأسبوع بما في ذلك عشاء عيد الفصح. قال مقدم الرعاية «لديّ صديق جديد وأريد أن أدعو هنا لعشاء عيد الفصح». يبدو ذلك رائعًا ، ومع ذلك فهي ليست صديقة ، إنها عميلة. أشعر بعدم الارتياح إزاء عبورها لهذه الحدود. قلت إننا نحتاج إلى مناقشته وسنتصل بهم. واصلنا الساحل ، مروراً ببعض البرك العميقة في الشارع ، لكننا صعدنا الطريق السريع. شرع في الانزعاج بشكل رهيب لأنه شعر بالذنب لعدم السماح لها بالرحيل ولم يتمكن من اتخاذ قرار بشأنه. قلت إنني لا أعتقد أن مقدم الرعاية لديه يدرك أن تغيير الجدول الزمني كان مزعجًا لخططنا وأن سؤال والدته عما إذا كانت تريد أن تفعل شيئًا ما لم يكن أفضل طريقة للمضي قدمًا. بالطبع ، إنها ستقول نعم في الوقت الذي بدا فيه الأمر ممتعًا ولكن المشكلة في وجود مرض الزهايمر وحالتها الصحية السيئة بشكل عام ، لم يكن هناك أي طريقة لمعرفة ما إذا كانت ستتمكن فعلًا من إدراك ذلك. لا تدرس والدته ما يلزم لإنجاز شيء ما ، وكيف يؤثر على الآخرين ، أو حتى كيف يمكن أن يؤثر عليها. في الواقع ، سأكون متفاجئًا إذا كانت تتذكر المحادثة في اليوم التالي. قلت لنا إنه يتعين علينا أن نحصل على جدول زمني يمكن التنبؤ به وأردت أن أصعد يومي السبت والأحد لأننا ملتزمون بالقيام ونرى ما سيحدث .

لذلك اتصلنا بهم. كما كان يخشى اريك ، كانت والدته غاضبة منه لقوله لا لخططهم وشعرت بالرعب. لذلك قال للمضي قدمًا وطلب التحدث إلى مقدم الرعاية ، وهو ما فعلناه. حاولنا شرح كل ما ناقشناه. تم الاتفاق على أن يتمكنوا من وضع خطط و محاولة القيام بها ، لكننا سنأتي على أي حال لنرى كيف تسير الأمور.

قالت مقدمة الرعاية إنها كانت تحاول فقط جعل الأمور أسهل بالنسبة لنا ، لكن هذا لم يجعل الأمور أسهل بالنسبة لنا. في الواقع ، لقد أزعجني إريك وأنا تمامًا وتسبب في كثير من القلق. استأجرناها لأنها قالت إنها تفهم مرض الزهايمر ، لكنني الآن بدأت أتساءل. يجب علينا فقط أن نرى ما يحدث يوم السبت .

لذلك تمكنا من قضاء وقت مريح في تناول العشاء والعودة إلى المنزل. ولكن في طريقي إلى المنزل ، غمرت المياه الطريق وبدأت في القيادة عبر إريك صرخ من أجلي حتى أتوقف وأعد نسخة احتياطية. كنت أعرف من محادثاتنا السابقة أنني في حاجة إلى عدم القيام بذلك ومواصلة القيادة وإلا فإن المياه ستدخل في كاتم الصوت وستتوقف السيارة. واصلت القيادة وجعلتها عبر. ومع ذلك ، وصلنا قريبًا إلى حاجز طريق آخر وصرخ مرة أخرى لكي أتوقف فجأة. منذ أن تعرض لحوادث السيارات الثلاث في نهاية العام الماضي ، كان يقظًا شديدًا وهذا هو السبب في أنني أقود السيارة الآن ، بالإضافة إلى أنني أستمتع بقيادة سيارتي الجديدة .

وصلنا إلى المنزل واتصلت بكراعي كما أفعل دائمًا في نهاية اليوم. أخبرتها أنه كان يومًا صعبًا ، لكنني لم أرغب في تخفيفه بإخبارها بذلك ، لكنني سأشرح متى نلتقي في حديثنا المعتاد صباح يوم السبت .

جئت إلى الداخل وذهبت إلى الفراش لكنني لم أستطع النوم. لقد استيقظت لمدة ساعتين لأن لدي الكثير من الأدرينالين يمر بجسدي الذي أكرهه. لهذا السبب أمارس الكثير وأمارس الوساطة لتنظيم ذلك. لقد نمت لمدة أربع ساعات ولكني لست مستيقظًا تمامًا. أستلقي في السرير أشعر بنبض قلبي. يبدو أنها أقوى من أي وقت مضى ويمكنني أن أشعر أنها تضرب بقوة في صدري. لا أعتقد أنني مصاب بارتفاع ضغط الدم لأنني أتناول الدواء لذلك. لكنها تبدو وكأنها تعمل بجد وأنا أتساءل عندما يتوقف يوم واحد. ربما كان هذا نتيجة ممارسة التمارين الرياضية بانتظام ، خمسة أميال مشي كل يوم. جسدي هو بالتأكيد أقوى في كل مكان أكثر مما كان عليه في السابق ، وربما قلبي أقوى أيضًا. لا أستطيع النوم لذا قررت الاستيقاظ والكتابة في دفتر يوميتي / كتابي.

أتساءل ما إذا كان هذا قد يكون ذا فائدة أو فائدة لشخص آخر ، لسماع صعوباتي وكيف أحاول التنقل فيها. ما زلت متيقظاً رغم أنني كنت أفكر بالتأكيد في تناول مشروب قوي لتهدئة أعصابي. لكنني أعلم أنني لا أستطيع فعل ذلك لا .

آمل أن يكون هذا يخدم غرضًا مفيدًا بخلاف الحصول على كل شيء من ذهني. حسناً ، هذا ما أشعر به الآن. أنا ذاهب إلى الاستلقاء الآن وأحاول على الأقل ترك جسدي يرتاح حتى لو لم يكن عقلي كذلك. سأقوم ببعض التأمل والصلاة أيضًا. ربما هذا سوف يساعد .

عدم اليقين

أريد أن أحاول أن أكتب عن شيء ليس واضحًا في رأسي حتى الآن. ولكن ربما إذا حاولت وصفه ، فستأتي الكلمات. يتعلق الأمر بالتجربة التي أعيشها الآن مع عدم اليقين التام. ربما كانت الحياة دائما غير مؤكدة ، لكنني لم أشعر بهذه الطريقة من قبل. اليوم يوم صعب. اليوم أشك في نفسي وحياتي .

شيء عن وفاة ليزلي ، ثم خروج سخان المياه في منزلنا والتسبب في أضرار جسيمة للمنزل الذي استغرق ستة أشهر للإصلاح ، جعلني أدرك أنني أعيش كل يوم حالة من عدم اليقين. يبدو الأمر كما لو كنت أعتقد أنني فهمت الحياة ، وكان المطلوب أن أعيشها «بنجاح». كان لدي بعض المعايير التي حاولت الالتزام بها وكنت قادرًا عليها بشكل عام. الآن أدرك بألم أنني لا أعرف ماذا أفعل أو كيف أفعل ذلك. يبدو الأمر كما لو كان لدي بوصلة وفقدتها. اعتقدت أن هناك معايير ومبادئ يجب أن ترقى إليها ، وإذا فعلت بشكل صحيح ، فستكافئني الحياة بكل سهولة وراحة. بدلاً من ذلك ، أصبح لدي الآن الاستقلال المالي والحرية التامة لأفعل ما يحلو لي وأشعر بالراحة. هناك العديد من الساعات كل يوم تحتاج إلى ملء بطريقة مفيدة قدر الإمكان. يساعد على البدء بالمشي. يستغرق ذلك ثلاث ساعات في الوقت الذي أقود فيه السيارة وأعود إلى البحيرة. ثم لدينا لدغة لتناول الطعام في مطعمنا المحلي المفضل حيث يذهب العديد من السكان المحليين. لديّ أنشطة منظمة لكل يوم وللأسبوع ، لكنني أشعر أنني أحاول القيام بما يبدو وكأنه حياة ذات معنى ولكن ليس كذلك. أريد هيكلة وقتي بحيث يتم إنفاقه بحكمة ، لذا عليك تضمين ساعة في مشاهدة برنامج PBS Newshour كل يوم إن أمكن. أحضر اجتماع AA الذي يشعر بالتأكيد معنى بالنسبة لي وللآخرين الحاضرين وهو طريقة رائعة لاختتام اليوم. أنا أكتب هذا الكتاب الذي يبدو هادفا لكنني أتساءل عما إذا كان حقا. إنه ليس مثل أي شخص آخر في العالم ، وقد برزت بشكل أفضل مني. أعتقد أنني على دراية بالألم الوجودي الذي تشعر به بأن حياتي قد انتهت بطريقة ما ، وأن الأيام المنتجة من اليقين في الهدف قد ولت. كنت أعرف كم أحتاج للعمل من أجل دفع فواتيري وفعلت ذلك عن طيب خاطر. الآن اختفت جميع المطلقات.

أعتقد أننا كلنا هنا على الأرض في حياتنا لتعلم دروس فريدة لكل واحد منا. وعندما تعلمناهم أعتقد أننا نموت. لذا ، فإن الأمر يشبه التخرج ، وهو احتفال تم إنجازه من العمل الشاق وحصلنا على حق العودة إلى المنزل إلى الله. لكن في هذه الأثناء ، أنا ، أخطو الماء بأفضل ما أستطيع ، مروراً بحركات الحصول على حياة ذات معنى دون أن أعرف حقًا أنني ، وأنني أفعل ذلك «بشكل صحيح» مهما كان ذلك.

من الصعب علي أن أعيش هكذا. أحاول عدم التفكير في الامر. لكنني أشعر أنني مستعد جدًا للتخلي عن هذه الحياة والمضي قدمًا. في الواقع أنا أتوق لذلك ، ينبغي القيام به. أنا أقدر جمال الحياة ولكن هذا لم يعد كافياً بالنسبة لي. أنا أذهب من خلال الاقتراحات. لا أخطط لقتل نفسي لأنني بصراحة لا أعتقد أن هذا سيحل المشكلة: إذا لم أنتهي من فعل ما جئت إلى هنا ، فسأحتاج ببساطة إلى أن ألد من جديد وأن أفعل ذلك من جديد ، وهو ما لا أميل إليه. تريد أن تفعل. أجد نفسي أراقب الناس وأتساءل عما إذا كنت أعود معهم إذا كنت أرغب في القيام بذلك ؛ إذا كان فرح حياتهم سيجعل الأمر يستحق كل المعاناة التي تأتي معها. أفكر في الأمر وأتوصل دائمًا إلى الإجابة التي لا تغريني بالعودة. قد أبدو غير ممتن على بركات حياتي. أنا ممتن لكن لا يزال هناك شيء مفقود. اليوم افتقد الشعور الجميل والشباب والكامل بالوعود. أفتقد اليوم من تحقيق الأهداف لنفسي وتحقيقها ، مثل الحصول على الحزام الأسود أو الدكتوراه أو أن أصبح نائبًا مساعدًا للرئيس. لقد فعلت كل هذه الأشياء. وغادرت وانتقلت لأن جزءًا من روحي كان يتوق إلى المزيد. كان جزء مني يعاني في تلك الأدوار وشعرت بالعزلة عن نفسي ، حيث كنت أعيش جزءًا مني في كل موقف. الآن أشعر أنني أصيل في كل وقت. أنا لا أخفي. انا صادق. عادةً ما أقوم بمشاركة القليل جدًا من نفسي مع الآخرين. يبدو عادة غير ضروري للحديث. أتساءل كيف يمكن للناس التحدث بلا نهاية عن أي شيء. يبدو الأمر كما لو أن بعض الأشخاص يتحدثون عن حياتهم ويسألونني «هل هذه المسألة؟» «هل أنت معجب بهذه الحقيقة عني؟» أشعر بضغوط من جانبهم للاستجابة وتأكيد حياتهم ولكنني لا أرد. أفكر فيما إذا كان هناك شيء يمكنني قوله بصراحة من شأنه أن يسهم في المناقشة ، لكن عمومًا لا يمكنني التفكير في أي شيء ، جزئياً لأنني أعتقد أنهم يتحدثون عن أي شيء. إنهم ببساطة يتجولون في حياتهم .

ما أجده ذا معنى هو اجتماعات AA.

هنا نناقش موضوعات الحياة الشائكة: ماذا يعني الاستسلام؟ ماذا أفعل بشأن الملل في حياتي؟ كيف يمكنني التعامل مع الاكتئاب؟ ما هو
الامتنان ، الخدمة ، أو الانتعاش؟ في AA

لا يوجد مجال للادعاء. كل من يبقى أصيل. أرى الناس يغادرون وعادة ما أشعر منهم بمستوى من الذريعة. لا أقصد هذا بطريقة إدانة. أعني أنه لا يزالون يحتفظون بصور لأنفسهم على أنهم موافقون. وليست مستعدة للاستسلام الكامل للعملية التي تمت مناقشتها في الاجتماعات وفي الكتاب الكبير. مطلوب مستوى من اليأس لتكون على استعداد للتخلي عن كل ما أخذنا في الحياة حتى نقطة المشي من خلال هذه الأبواب وتكون على استعداد لتجربة شيء جديد. إنه متواضع بعد التحرير. لحسن الحظ في هذه المرحلة ، يمكننا الاعتماد على الآخرين في المجموعة لرعايتنا وحبنا بطريقة لم نعرفها بعد. عادة ما تكون العار والهزيمة هي المشاعر القصوى في أذهاننا عندما نسير في خوف من خلال الأبواب. لقد تعرضنا للضرب من الحياة. ثم ببطء نبدأ رحلة العودة إلى الحياة. نحن نفعل ما يقترح علينا القيام به. أو يمكننا اختيار المغادرة و المحاولة مرة أخرى للاستفادة من استراتيجيات التأقلم القديمة.

ربما أشعر اليوم بعدم اليقين لأنني «أصبحت» بدلاً من «أن أكون» قلت لراعي أنني أشعر أنني أخرج كل يوم مثل الخروج من الهاوية على الهواء وأنا واثق من أنني لن أسقط. أقول صلواتي أول شيء كل صباح على الإيمان وآمل أن يكون هناك حقا قوة عليا هنا لمساعدتي. أقول أنه على الرغم من أنني مررت بمرات عديدة في حياتي عندما أثبتت تلك القوة العليا أنها توجهني وتساعدني. أي جزء مني يحتفظ في خوفه؟ ما جزء مني لا يزال في الألم؟ أنا غير متاكد. هذا ما أفكر فيه. غدا قد يكون مختلفا .

مكاني الآمن الخاص

سألني فرانسيس عما إذا كان بإمكاني التحدث أكثر عن المكان المظلم والآمن الذي أعود إليه أحيانًا. لقد ذكرت ذلك في العلاج الأسبوع الماضي إنه مكان بداخلي لا يزال هادئًا وآمنًا .

أعتقد أنني طورت هذا المكان بداخلي عندما كنت طفلاً. شعرت أنني يجب أن أرتقي إلى مستوى الكمال عندما كنت طفلاً. كان علي أن أرتدي ملابس صحيحة ، وأتفوق في المدرسة ، وأتصرف بطريقة محددة في كل موقف. يبدو الأمر كما لو أن والدي قد حظيما بالفعل بالحياة وقدموا لي مخطط النجاح. كان علي أن أطيع وأتصرف كما أرادوا.

ولكن كانت هناك دائمًا أوقات أردت فيها التراجع وأكون وحدي. أتذكر كطفل عندما عشنا على البحيرة أنني كنت أتساءل في الغابة بنفسي وأن أكون بسلام تام. أحببت أن أشاهد وأسمع الطيور. أتذكر في أحد الأيام أني خرجت من القارب وكان أشاهد بعض الأسماك في الماء بجانب القارب. التقطت واحدة ونظرت إليها. كان جميلا. ثم وضعته برفق في الماء وسبح بعيدا .

اعتدت أن أستمتع بالتجديف بنفسي ، وأشعر بالأمان لاستكشاف الطبيعة. في أحد الأيام ، قمت بالتجول إلى أعلى القناة حيث عبر جسر فوق الماء. رأيت كيسًا من الخيش ينزل في الماء ويخشى أن يكون شخص ما قد غرق بعض القطط في الماء. عدت إلى المنزل وحصلت على أختي. جفنا معًا وربطنا الحقيبة مؤقتًا ونظرنا من الداخل. كان فيه كلورين فيه لقتل الطحالب في البحيرة. يا له من ارتياح كان بالنسبة لنا

أتذكر المشي إلى المنزل من المدرسة عبر الغابة مستمتعا بجمالها وسلامتها. في أحد الأيام ، مشيت إلى المنزل وحصلت على ملابسي المتسخة وتعثرت في ذلك. كنت أكثر حذرا منهم على

لذا فإن ما أحاول قوله هو أنه كان لدي دائمًا مكان خاص بداخلي حيث أستطيع أن أكون وحدي وآمن ، بعيدًا عن مطالب الأسرة والأشخاص الآخرين. بالنسبة لي ، التراجع هو العثور على العزاء. إنها أفضل بكثير من الضوضاء و الأعمال التجارية حول أشخاص آخرين.

اليوم أنا الانسحاب هناك عندما أشعر بالتعب والارتباك. أنا أستمتع يجري بعيدا. أنا أستمتع بالهدوء والسلام. انها ليست الاكتئاب أو الفضاء الحزين. هو جزء مني لا يتغير ، لا يرتبط بجد وأداء العديد من المهام التي حددتها لنفسي أو المجتمع الذي أنشأته لي لحضور. غير السعي هو ما أتحدث عنه. فقط يجري.

قلبي

لقد كان يوما غير عادي. استيقظت في الساعة الثانية صباحًا ولم أستطع العودة للنوم. أخيرًا ، بدأت أتأمل في سؤال الله عما إذا كان هناك أي شيء أحتاج إليه. كان قلبي ينبض بشدة ، كما لاحظت مؤخرًا. كنت أشعر أن جسدي يتنفس في كل نفس ، وقلبي ينبض جنبًا إلى جنب مع الإيقاع وأعتقد أنه ليس لدي سوى نفس واحد من الموت. وأتساءل متى سيتوقف. قادني ذلك إلى التفكير في مدى غضب اريك إذا كنت سأموت فجأة ولم يكن يعرف ما يجب فعله. لذا فكرت في رأسي في كل الأشياء التي يجب أن يعرفها من خلال استدعاء المشرحة لالتقاط جسدي (الذي دفعته مسبقًا ليتم حرقه) للتعامل مع الفواتير وكيفية عمل نصب تذكاري إذا رغب في ذلك. لم أستيقظ لأكتب في مجلتي لأنني قد أتمكن من النوم قليلاً. أخيرًا ، تناولت جرعة حوالي الساعة ٦:٣٠ لمدة ساعة.

استيقظت في الساعة ٩:٠٠ من صباح اليوم الذي أستيقظ فيه كل صباح لأذهب في نزهة على الأقدام. كان لا يزال المطر غزيرًا لذا اعتقدت أنني أكتب على جهاز الكمبيوتر الخاص بي الأشياء التي أردت أن يعرفها إريك إذا مررت حتى أتمكن من إخراج ذلك من ذهني. عندما انتهيت ذهبت الطابق السفلي لرؤية اريك. بقدر ما أردت الذهاب في نزهة على الأقدام ، كان المطر يتساقط لذا قررنا الخروج لتناول الإفطار. خلال وجبة الإفطار أخبرته عما كنت عليه. لاحظت أيضًا أنه كان يتحدث كثيرًا عن الماضي عندما كان راكبًا على الأمواج وكيف كان يفعل الأشياء. طلبت منه أن يركز بدلاً من ذلك على اللحظة وما قد نفعله سويًا في المستقبل. حصل على وجهة نظري. شيء واحد نريد القيام به هو ركوب الخيل على الساحل ، لذلك سنتوقف عند إحدى المزارع التي نمر بها كل أسبوع ونعرف متى يمكننا القيام بذلك .

كان لا يزال تمطر بعد الإفطار لذلك قررنا الذهاب إلى السينما. مشينا و بدأ فيلم ما في بدايته الجيدة: موسم المعجزة. كان فيلمًا رائعًا عن قصة حقيقية لأسماء لاعبة الكرة الطائرة بالمدرسة الثانوية كارولين فاوند التي مرت فجأة وكيف احتشد فريقها وفاز ببطولة الدولة في ولاية أيوا ٢٠١١ على شرفها. كان مؤثرا للغاية.

امتنان

أنا ممتن للغاية لحياتي الجديدة من الرصانة. لم أكن أتوقع ذلك وأعلم أنها هدية من الله. كل ما احتاجه هو التواضع والرغبة في القيام بكل ما اقترح لي من قِبل الكفيل.
كل يوم هو هدية جديدة .

أشعر الآن بأنني جزء لا يتجزأ من مجتمع AA. إنه لمن دواعي سروري الذهاب إلى الاجتماعات لرؤية أصدقائي ومعرفة كيف يمكنني المساهمة في نجاحهم في الحياة. أنا المباركة بعمق.

النهاية

لقد كنت الآن متيقظة منذ تسعة أشهر وأشعر أن هذا الكتاب قد انتهى. عملية التعافي عملية مستمرة وأنا واثقة من أنني سأستمر في النمو والتغيير. ومع ذلك ، أعتقد أن الغرض من هذا الكتاب قد اكتمل.

آمل أن اكون قد قلت شيئًا سيكون مفيدًا لكم. كان هذا هو غرضي المخلص من كتابته. بارك الله في رحلتكم الروحية

،سلام

روز

الملحق أ

الخطوات الاثني عشر لمدمني الكحول المجهولين ١. اعترفنا بأننا كنا عاجزين عن تناول الكحول - وأن حياتنا أصبحت غير قابلة للإدارة. ٢. جاء للاعتقاد بأن قوة أعظم منا قد تعيدنا إلى العقلاء. ٣. اتخذنا قرارًا بنقل إرادتنا وحياتنا إلى رعاية الله كما فهمنا. ٤. جعل البحث وأكثر الخوف الخوف من أنفسنا. ٥. اعترف لله ولأنفسنا ولإنسان آخر بالطبيعة الدقيقة لأخطائنا. ٦. كن مستعدًا تمامًا لجعل الله يزيل كل هذه العيوب في الشخصية. ٧. طلب منه بكل تواضع أن يزيل أوجه القصور لدينا ٨. وضع قائمة بجميع الأشخاص الذين تضرروا ، وأصبحنا على استعداد لتعديل لهم جميعا. ٩. تم إجراء تعديلات مباشرة على هؤلاء الأشخاص كلما كان ذلك ممكنًا ما عدا وقت القيام بذلك ، فستجرحهم أو تصيب الآخرين. ١٠. استمر في أخذ جرد شخصي وعندما كنا مخطئين ، اعترف بذلك على الفور. ١١. سعينا من خلال الصلاة والتأمل إلى تحسين اتصالنا الواعي بالله كما فهمناه ، ونصلي فقط من أجل معرفة إرادته لنا وقوة القيام بذلك. ١٢. بعد أن استيقظنا روحيًا كنتيجة لهذه الخطوات ، حاولنا نقل هذه الرسالة إلى مدمني الكحول وممارسة هذه المبادئ في كل شؤوننا.

ملحق ب

المراجع

جرين ، غليندا (١٩٨٨ ، ١٩٩٢) ، حب بلا نهاية ... يتحدث يسوع. هارتوينجز النشر ، فورت وورث ، تكساس.

رينارد ، غاري ر. (٢٠٠٢ ، ٢٠٠٣ ، ٢٠١٤). اختفاء الكون. منزل هاي، كار لسباد ، كاليفورنيا.

شكمان ، هيلين وثيتفورد ، ويليام (١٩٧٥ ، ١٩٨٥). دورة في المعجزات ، مؤسسة المجلد المشترك للسلام الداخلي ، تيبورون ، كاليفورنيا .

و.بيل وس. بوب، دكتور(. ١٩٣٦، ١٩٥٥، ١٩٧٦، ٢٠٠١). خدمة مدمني الخمر دون الكشف مدمني الخمر ، مدينة نيويورك ، نيويورك .